- 新疆大学"双一流"建设学术著作出版专项资金资助。
- 国家社会科学基金青年项目（20CJY028）。
- 新疆维吾尔自治区自然科学基金面上项目（2022D01C368）。
- 新疆维吾尔自治区社会科学基金青年项目（18BJL026）。
- 2023年度新疆维吾尔自治区社科联新时代党的治疆方略理论与实践研究课题（2023ZJFLY30）。
- 新疆维吾尔自治区天池博士计划项目。
- 新疆大学哲学社会科学青年教师培育项目（22CPY039）。
- 新疆大学博士启动基金项目（BS160126）。

经管
文渊

产业集群转型升级的
演化路径研究

Study on the Evolution Path of
Industrial Cluster Transformation
and Upgrading

朱俏俏◎著

经济管理出版社
ECONOMY & MANAGEMENT PUBLISHING HOUSE

图书在版编目（CIP）数据

产业集群转型升级的演化路径研究/朱俏俏著 . —北京：经济管理出版社，2023.7
ISBN 978-7-5096-9122-9

Ⅰ.①产…　Ⅱ.①朱…　Ⅲ.①产业集群—产业结构升级—研究—中国　Ⅳ.①F269.23

中国国家版本馆 CIP 数据核字（2023）第 123397 号

组稿编辑：申桂萍
责任编辑：申桂萍
助理编辑：张　艺
责任印制：许　艳
责任校对：陈　颖

出版发行：经济管理出版社
　　　　　（北京市海淀区北蜂窝 8 号中雅大厦 A 座 11 层　100038）
网　　址：www. E-mp. com. cn
电　　话：（010）51915602
印　　刷：唐山玺诚印务有限公司
经　　销：新华书店
开　　本：720mm×1000mm/16
印　　张：11. 25
字　　数：174 千字
版　　次：2023 年 7 月第 1 版　　2023 年 7 月第 1 次印刷
书　　号：ISBN 978-7-5096-9122-9
定　　价：68. 00 元

前　言

20 世纪 90 年代以后，产业集群这种地理集中现象在全球范围内逐步显现，并以"增长极"的形式推动着国家和地区的经济发展，成为重要的经济现象。产业集群作为一种有效的产业组织模式，是提升产业竞争力和区域竞争力、促进区域经济发展的一条有效途径，成为区域经济发展战略的研究热点。升级与转型是产业集群生命周期的重要组成部分。在中国，无论是经济欠发达地区的资源型产业集群还是经济发达地区的制造业产业集群，大多建立在低成本的基础上，在发展过程中都面临着自主创新能力低、在全球价值链上处于低附加值环节、产业链联系不够紧密、低成本优势逐渐消失等巨大的转型升级压力。由于不同地区、不同类型产业集群的形成动因、形成方式不同，其转型升级的方向和路径也存在差异。因此，探索资源型产业集群与制造业产业集群转型升级路径的异同具有重要的研究价值和现实意义。

本书以我国资源型产业集群和制造业产业集群为研究对象，将二者纳入同一研究框架进行分析，并进一步将制造业产业集群细分为传统制造业集群与高端制造业集群，运用集群理论和数量分析方法，按照资源型产业集群与制造业产业集群的"产业集群的集群特征异同分析—产业集群对经济增长影响的异同分析—产业集群转型升级路径的异同分析"分析框架，探讨了资源型产业集群与制造业产业集群的特点、集聚态势、空间布局、驱动因素、对经济增长的影响，提出了资源型产业集群与制造业产业集群差异化的转型升级演化路径。

本书的主要研究成果包括以下四点：

第一，发现资源型产业集群与制造业产业集群的集群特征异同。

从资源型产业集群与制造业产业集群的集群特点来看，资源型产业集群具有高度依赖自然资源、产业转移约束大、成长路径需要政府规划培育、产业链具有极强的延展性、生命周期特征明显等特点。制造业产业集群对自然资源禀赋的依赖程度低，产业转移的成本低，产业集群形成受市场机制及其规律的影响较大，政府主要起引导和辅助作用。传统制造业集群以传统加工制造业为主导，多为劳动密集型产业，劳动力成本占比较高，产业集群具有可迁移性和可复制性，集群内企业多善于"模仿创新"，而"自主创新"能力较弱。高端制造业集群多为知识技术密集型产业，科技含量高、附加值高，具有高投入、高收益、高风险、自主创新网络广泛、自主创新能力强等特点，产业关联性强。传统制造业集群与高端制造业集群作为制造业两种不同特征的集群类型，两者之间还存在许多共性与联系：传统制造业集群是高端制造业集群发展的基础，既可为高端制造业集群的发展提供完备的辅助性工业基础设施和系统，又可为其提供必需的资源、资本、人才、技术等外部环境条件；高端制造业集群是传统制造业集群的先导，传统制造业集群要不断地吸收高端制造业集群的创新成果，才能实现可持续发展。

从资源型产业集群与制造业产业集群的集聚态势来看，不同类型产业的集聚程度存在差异，总体来看，高端制造业的集聚度最高，属于中集聚度产业，且高端制造业的集聚度平均变化率居中。资源型产业的集聚度次之，同属于中集聚度产业，产业内属于高集聚度的四个细分行业均为采掘业，且资源型产业的集聚度平均变化率最低，说明总体上该产业的区域集聚最为稳定。传统制造业的集聚度最低，但仍属于中集聚度产业，且传统制造业的区域集聚最不稳定。

从资源型产业集群与制造业产业集群的空间分布来看，资源型产业集聚特征明显的省份（22 个）多于传统制造业（13 个）和高端制造业（7 个）。资源型产业主要集中在西部地区，并且西部、东部和中部地区的资源型产业集聚水平不断提高；传统制造业主要集聚在西部和东部地区，并且西部、东部和中部地区的传统制造业均有扩散趋势；高端制造业主要集聚在东部地区的北京、上海、江苏、浙江、广东等地区，并且东部、西部和中部地区均存在高端制造业集聚趋势增强的现象。

第二，揭示资源型产业集群与制造业产业集群的集聚影响因素异同。

对于资源型产业来说，以矿产资源储量表征的自然资源禀赋及地方保护程度是促进其集聚的关键因素，产业技术投入强度是阻碍其集聚的重要因素；对于传统制造业来说，产业劳动力密集度、产业出口程度是促进其集聚的显著影响因素；对于高端制造业来说，产业技术投入强度和产业出口程度是促进其集聚的主要因素，地方保护程度是阻碍其集聚的主要因素。

第三，揭示资源型产业集群与制造业产业集群对经济增长影响的异同。

资源型产业集群与制造业产业集群对经济增长的影响均是动态的，无论是资源型产业集群还是制造业产业集群，集群初期的集聚效应均大于拥塞效应，随着集群规模的扩大，拥塞效应逐渐显现，并取代集聚效应，阻碍了经济增长。该结论启示我们，集群的发展要保持在适度合理的范围，当集群发展到一定阶段时要及时对低端产业集群进行转型升级，规避或改善由于集聚过度导致的规模不经济效应。与资源型产业集群和传统制造业集群相比，高端制造业集群对经济增长的促进作用更大，且该促进作用由集群对技术进步与技术效率改进的双重积极影响共同拉动；然而资源型产业集群和传统制造业集群对行业经济增长的促进作用仅由技术效率单轮驱动。

第四，提出资源型产业集群与制造业产业集群差异化的转型升级演化路径。

资源型产业集群转型升级以内部路径为主，具体为资源型产业集群内部由采掘业集群向资源型制造业集群转型升级，资源型产业集群整体由以资源消耗为主的低端产业集群向以高新技术为核心的现代创新型产业集群转型升级；传统制造业集群转型升级兼可采取内部路径与外部路径，内部路径具体为以传统制造业为核心的低成本型产业集群向现代创新型产业集群转型升级，外部路径具体为购买者驱动的传统制造业集群向嵌入全球价值链转型升级；高端制造业集群转型升级以外部路径为主，具体为生产者驱动的高端制造业集群向嵌入全球价值链转型升级。

目　录

第一章　导论

第一节　研究背景与研究意义

一、研究背景

1. 产业集群是当今经济研究和实践的热点问题

20 世纪 90 年代以后，产业的空间布局非但没有随着经济全球化进程的加快而趋于分散，产业集群这种地理集中现象及产业组织形式反而在全球范围内逐步显现，并以"增长极"的形式推动着国家和地区的经济发展，成为重要的经济现象。技术创新、社会资本、网络组织、经济效益等优势是产业集群"推动力"得以发挥的重要来源。产业集群的优势一方面来自其本身的外部规模经济；另一方面由于集群内企业在长期以来的近距离交往中，彼此容易建立起相互信任的关系，这种密切关系给社会资本的积累带来了重要保障，从而使交易成本降低、形成区域品牌效应。产业集群还能促进创新知识、创新技术以及相关经验在集群内广泛扩散与传播，激发新思想、新技术、新产业、新成果的产生。与此同时，对产业集群的理论与实证研究逐渐得到了主流经济学领域的关注，并引起了经济学、管理学、地理学、生态学等领域专家学者的研究兴趣，是当今学界对产业研究的聚焦点。此外，作为产业组织模式的一种有效形式，产业集群是提升产业竞争力和区域竞争力、促进区域经济发展的一条有效途径，在现实领域中也受到了政府规划部门、决策部门的广泛重视，我国各级政府部门在规划产业发展时也多涉猎产业集群的相关内容，成为区域经济发展战略的研究热点。

2. 产业集群面临转型升级压力

产业集群同样具有生命周期，在集群的发展过程中，对集群内一些不能适应其发展的产业进行及时、有效的转型升级，是产业集群可持续发展的重要组成部分及必然途径，对延长产业集群整个生命周期至关重要。当前，我国大部分资源型产业集群的发展和运营方式较为粗犷，自然资源的过度开采情况严重，发展观念陈旧，改革创新意识薄弱，对于集群内的一些产能落后、生产工艺水平低下、边际收益递减、产品附加值过低的产业不能适时地进行转型升级，这些问题长期伴随着我国资源型产业集群的发展，由此引发的各种状况接踵而至，资源的提前枯竭、环境的破坏、社会经济矛盾的日益突出大大缩短了资源型产业集群的生命周期，产业集群转型升级的成本也随着各种问题的日益严重而急剧增加，呈现出几何级数的增长趋势。除此之外，我国无论是资源型产业集群，还是制造业产业集群，集群内的企业大多建立在低成本基础之上，普遍存在创新能力低、产品附加值低、集群内上下游产业联系不够紧密、低成本优势逐渐丧失等问题，造成目前我国主要集中在经济欠发达、自然资源丰富的中西部地区的资源型产业集群，以及集中在经济发达的东部地区的制造业产业集群都承受着巨大的转型升级压力。由于不同地区、不同类型产业集群的形成动因、形成方式不同，其转型升级的方向和路径也存在差异，因此，解决不同类型产业集群的转型升级问题，除不容忽视实践摸索的重要性以外，还应该运用抽象思维，从理论上为集群的转型升级提供方向性、前瞻性的指导。探索资源型产业集群与制造业产业集群转型升级路径，对比分析两种产业集群转型升级路径的异同，可以为我国产业集群成功实现转型升级以及不同地区的区域发展规划和战略的制定提供参考。

二、研究意义

1. 理论意义

以往对产业集群的研究多集中于单一产业，且对制造业产业集群的研究无论是在数量上，还是在规模、层次上，均优于对资源型产业集群的研究。本书将资源型产业集群及制造业产业集群纳入同一研究框架，来探讨两种产业集群如何转型升级，分析其转型升级演化路径有何异同，取得的研究成果可为产业集群领域的研究提供一定的理论依据。

2. 实际意义

第一，为我国产业集群转型升级的实践提供参考。一方面，经济欠发达的资源型地区大多以资源型产业集群为主，资源型产业的发展以消耗大量资源为代价，具有不可持续性，因此，资源型产业集群转型升级的必要性毋庸置疑；另一方面，经济发达地区以制造业产业集群为主，由于地理位置的优越性和相对良好的经济环境，使产业集群得以较快发展。随着产业集群的不断发展壮大，生产运营成本上升、贸易壁垒加强、创新动力不足、国际市场竞争力减弱等因素严重阻碍了产业集群的进一步发展，亟须进行转型升级。可以说，产业集群发展的整个生命周期都伴随着产业在每个阶段的转型升级，由于产业集群所处地域、集群类型以及发展阶段的差异，其实现转型升级的路径和层次也不尽相同。由此可见，所有产业集群在发展的过程中都时刻面临着转型升级问题。因此，在我国大力倡导和实施产业结构深化改革、提升产业核心竞争力的背景下，本书通过对资源型产业集群和制造业产业集群不同发展路径的探讨，对产业结构调整的顺利实施、不同地区差异化产业集群的转型升级思路及产业集群健康发展的实践具有十分重要的意义。

第二，为经济欠发达但资源较富集的中西部地区的资源型产业集群可持续发展提供可参考的发展模式。对于主要依靠资源型产业带动经济发展的中西部地区，资源型产业集群的形成和发展是推动所在区域经济发展的重要力量，在很大程度上代表了资源型地区竞争优势的强弱，而集群发展的层次和阶段也会直接影响资源型地区的经济发展与资源生态环境的可持续性。探寻资源型产业集群转型升级的演化路径，促进资源型产业集群转型升级，对资源型地区或城市的经济发展以及我国经济发展整体水平的提高具有重要的意义，同时对资源环境的有效管理、区域经济的发展规划以及相关产业政策的合理制定具有科学的指导意义。

第三，为经济发达地区明确未来的发展方向提供参考依据。在梳理总结发达国家以及我国国内经济较发达地区的制造业集群发展阶段、发展态势，总结其成功的集群发展模式的同时，也应注意到尽管我国国内经济较发达地区是众多高端制造业集群的诞生地和密集区，但无论是其技术创新水平、配套服务能力，还是其品牌知名度等，与发达国家和部分发展中国家相比还存在一定的差距，仍处于全球价值链低端。因此，我国国内经济发达地区既要借鉴发达国家产业集群发展的成功模式，又要认识到产业集群的转型升级是规避全球价值链"低端锁定"风险、实现集群可持续发展的必然选择，从而为提高我国制造业在全球价值链的地位，以及明确区域未来的发展方向提供参考依据。

第四，为区域经济发展战略、优势产业集群发展政策的制定提供依据。根据我国目前经济发展布局以及产业分布，以长江三角洲和珠江三角洲经济带为代表的东部地区产业集群的密集程度最高，以传统制造业集群和以创新为基础的高端制造业集群为主。集群内众多企业根据不同技术能力，通过协同合作，纷纷进入了产业链的上中下游各个部分，逐步迈向以创新为基础、以产业关键技术为支撑、走产业高端发展路线的创新型现代产业集群，表现出极强的活力和竞争力，这些地区是我国经济发展水平相对较高的地区。

西部地区产业集群的类型以资源开采型产业集群为主，基于资源主产区分散的时空原因，集群企业数量相对较少，甚至只在一个大型企业内部进行纵向产业分工与合作，而非众多企业围绕一个主产业链形成横向的分工与合作集群，以致难以形成集群效应，更多是政府主导的园区式集聚。这种类型的集群普遍发展路径单一，过分依赖本地资源，受到"人力资本挤出效应""荷兰病效应""制度弱化效应"等多种负效应的影响，导致其动力机制不能很好地发挥作用，发展路径产生依赖，被"锁定"在无效率的状态之中，甚至陷入"资源诅咒"，这些地区是我国经济发展水平相对落后的地区。

因此，分析、评价资源型产业集群与制造业产业集群转型升级路径的异同，对于各级地方政府制定区域经济发展战略、优势产业集群发展政策，推进经济增长方式转型升级具有重要意义。

第二节　研究思路与研究内容

一、研究思路

本书以将资源型产业集群与制造业产业集群为研究对象，纳入同一研究框架，运用集群理论和数量分析方法，提出了资源型产业集群与制造业产业集群差异化的转型升级演化路径。

按照资源型产业集群与制造业产业集群的"产业集群的集群特征异同分析—产业集群对经济增长影响的异同分析—产业集群转型升级路径的异同分析"的分析框架，探讨资源型产业集群与制造业产业集群的集群特点、集聚程度、集聚态势、空间布局、影响因素的异同；通过两阶段系统广义矩的回归模型分析两种产业集群对经济增长的影响异同，并对两种产业集群影响经济增长的作用机制进行分析；在运用门槛回归方法对资源型产业集群与制造业产业集群转型升级最佳时机进行研判的基础上，基于产业集群转型升级的两种思路：一是从集群本身的情况入手完成集群类型转型升级的内部路径；二是从全球价值链视角着手寻求转型升级的外部路径，提出了"资源型产业集群/传统制造业集群—高端制造业集群—嵌入全球价值链高端"的转型升级方向，并揭示资源型产业集群与制造业产业集群差异化的转型升级演化路径模式，使经济发展方式由"要素驱动""效率驱动"向"创新驱动"转变，从而为两种产业集群可持续发展、缩小区域差距、促进区域协调发展提供可行性路径。

本书的逻辑框架如图1-1所示。

二、研究内容

本书共包括七章内容：

第一章是导论。对全书进行总体概述，主要包括研究背景与研究意义、研究思路与研究内容、研究方法与技术路线。

第二章是文献综述。分别从产业集群特征、产业集群影响因素、产业集群与经济增长的关系和产业集群转型升级四个方面对国内外相关文献进行了梳理总结，在此基础上对文献进行述评，提出本书的研究切入点。

第三章是概念界定与理论回顾。首先对相关概念和研究范围进行了界定和说明，其次回顾了与本书研究相关的理论，包括基于新古典经济学视角的马歇尔的外部规模经济理论、韦伯的工业区位理论、胡佛的产业集聚最佳规模理论、佩鲁的增长极理论、传统国际贸易理论（大卫·李嘉图的比较优势理论和赫克歇尔、俄林的要素禀赋理论）、迈克尔·波特的竞争优势理论、新经济地理学的规模报酬递增理论、蒂奇的产业集群生命周期理论以及全球价值链理论。

第四章是资源型产业集群与制造业产业集群的集群特征异同分析。本章对资源型产业集群与制造业产业集群的集群内涵及特点、集聚程度、集聚态势、空间

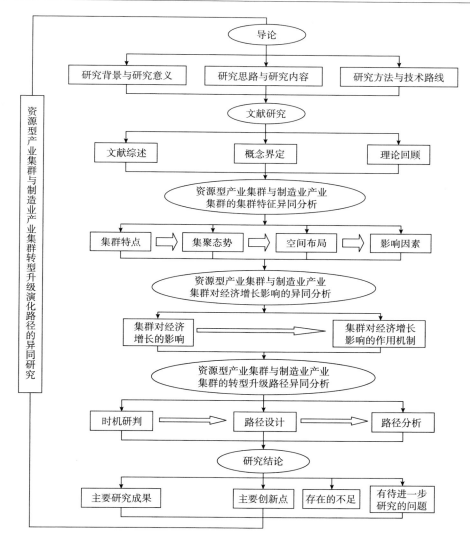

图 1-1 逻辑框架

资料来源：笔者自绘。

布局和影响因素进行了分析，以明确不同类型工业产业集群的集聚现状、集聚特征、驱动因素及作用机理。首先，对资源型产业集群与制造业产业集群的内涵与特点进行分析；其次，运用 EG 指数和区位熵指数从产业与地区两个视角对资源型产业与制造业的集聚程度、演进态势和空间布局进行分析；再次，在对产业集聚影响因素的相关理论进行梳理总结的基础上提出 6 个相关假设，并选取变量、设定回归模型，运用面板数据模型实证检验了比较优势、新经济地理、马歇尔外部性、区域产业政策和经济全球化等因素对资源型产业及制造业集聚的影响及作用机制；最后，结合实际情况，对不同类型的产业集聚影响因素差异做出了合理的经济学解释，以期为后续研究资源型产业集群及制造业集群差异化的转型升级发展路径提供思路。

第五章是资源型产业集群与制造业产业集群对经济增长影响的异同分析。本章对资源型产业集群与制造业产业集群对经济增长的影响及作用机制进行分析，以探讨不同类型产业集群对经济增长的影响。首先，采用全要素生产率作为经济增长的代理变量，并将资源型产业与制造业全要素生产率的变化进一步分解为技术进步变化与技术效率变化，以便更清晰地反映出不同类型产业集群对全要素生产率变化的作用方向。其次，采用两阶段系统广义矩方法，对资源型产业集群与制造业产业集群对经济增长的影响进行实证分析，探讨资源型产业与制造业集群对经济增长影响的异同。最后，对资源型产业集群与制造业产业集群影响经济增长的作用机制进行分析。

第六章是资源型产业集群与制造业产业集群的转型升级路径异同分析。本章首先运用门槛回归方法对资源型产业集群与制造业产业集群转型升级的最佳时机进行研判，识别出资源型产业集群与制造业产业集群转型升级的最佳规模阈值和亟待进行转型升级的区域；其次，基于产业集群转型升级的两种思路：一是从集群本身的情况入手完成集群类型转型升级的内部路径；二是基于全球价值链视角，将集群嵌入全球价值链进行转型升级的外部路径，提出了分别以内部路径、内部路径和外部路径、外部路径为主的资源型产业集群、传统制造业产业集群以及高端制造业产业集群差异化的转型升级演化路径。

第七章是研究结论。包括本书的主要研究成果、主要创新点、存在的不足及有待进一步研究的问题。

第三节　研究方法与技术路线

一、研究方法

1. 文献研究方法

对已有相关文献按照研究内容进行了系统的梳理、归纳、分析、总结，为开展研究奠定基础。

2. 图形分析法

对资源型产业和制造业的集聚特征及演变态势，表征资源型产业和制造业经济增长的全要素生产率指数及其两个分解指数技术进步指数和技术效率变化指数的发展趋势，资源型产业集群与制造业产业集群转型升级的演化路径进行经济学和管理学的理论解释。

3. EG 指数和区位熵指数

运用 EG 指数和区位熵指数分别从行业视角和地区视角对资源型产业和制造业的集聚程度进行测算。

4. 多元回归法

对资源型产业集群和制造业产业集群集聚的驱动因素进行筛选与验证，识别两种产业集群的形成模式及特征。

5. 两阶段系统广义矩方法

对资源型产业集群及制造业产业集群与经济增长关系的影响系数进行估计，分析两种产业集群对经济增长的影响程度及作用机制。

6. 门槛回归方法

对资源型产业集群与制造业产业集群转型升级的最佳时机进行研判，以识别出资源型产业集群、传统制造业集群、高端制造业集群转型升级的最佳规模阈值和亟待进行转型升级的区域。

7. 比较分析法

对资源型产业集群与制造业产业集群的集群特征、驱动因素、集群对经济增长的影响和集群转型升级演化路径进行比较分析。

二、技术路线

本书的技术路线如图1-2所示。

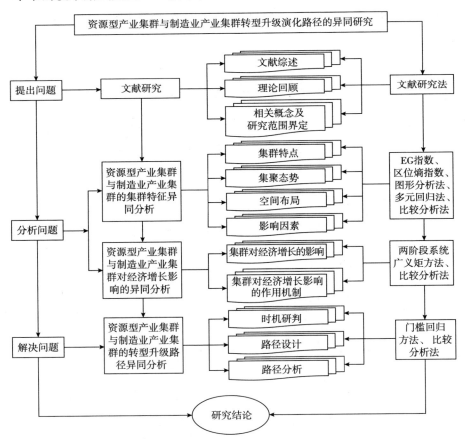

图1-2 技术路线

资料来源：笔者自绘。

第四节　本章小结

本章对本书的研究背景及研究的理论和实际意义进行了介绍，阐述了本书的研究思路，概括了主要研究内容，列举了使用的研究方法以及设计了本书的技术路线。

第二章　文献综述

第一节　国外文献综述

截至 2022 年 5 月 9 日，经 Science Direct 数据库检索，关键词 = "Industrial Cluster"，有 253348 篇/部；关键词 = "Industrial Cluster & Transformation and Upgrading"，有 7663 篇/部；关键词 = "Resource - Based Industrial Cluster"，有 55461 篇/部；关键词 = "Manufacturing Cluster"，有 168830 篇/部；关键词 = "Manufacturing Cluster & Transformation and Upgrading"，有 5424 篇/部。

本节从产业集群特征、产业集群影响因素、产业集群与经济增长的关系及产业集群转型升级四个方面对国外相关文献进行梳理（见表 2-1）。

一、产业集群特征研究

第一，将研究对象作为一个整体对产业集群的特征进行研究。Krugman（1991）对美国百余个制造业的集群现象进行了分析，运用空间基尼系数作为集

表 2-1　国外产业集群研究概况

研究主题	研究角度	主要观点	代表学者
产业集群特征研究	产业整体	产业集群现象明显	Krugman（1991）、Amiti（1997）
	产业细分行业	不同地区的不同技术水平、不同资源密集度行业的集聚程度存在差异	Devereux 等（1999）、Maurel 和 Sedillot（1999）、Brulhart（2001）、Alecke 等（2006）
产业集群影响因素	新古典经济学	集群经济效应、外部经济效应、技术创新和扩散效应、低交易费用、优化产业组织形成的市场竞争力是产业集群的动力来源	Marshall（1920）、Boudeville（1966）、Kim（1999）、Rosenthal（2001）
	经济地理学	区位优势等经济地理因素是形成产业集群的主要原因	Henderson（1986）
	新经济地理学	规模收益递增和制造业产品跨区域销售存在运输成本是影响产业集群形成的重要因素	Fujita（1988）、Krugman（1991）、Antje 和 Julia（2003）
产业集群与经济增长的关系	产业集群与经济增长正相关	产业集群通过规模经济、降低成本、技术溢出等途径促进经济增长	Marshall（1920）、Dekle 和 Eaton（1999）、Ciccone（2002）、Baldwin 和 Martin（2004）、Crozet 和 Koenig（2007）
	产业集群与经济增长负相关	产业集群通过拥塞效应阻碍经济增长	Carlino（1979）、Besson（1993）、Sbergami（2002）
	产业集群与经济增长的关系不确定	产业集群与经济增长的相关关系或不显著，或呈非线性关系	Williamson（1965）、Arup（1999）、Beaudry 和 Swann（2001）、Futagami 和 Ohkusa（2003）
产业集群转型升级	本地化	从集群本身或集群内部入手完成集群类型的转型升级	波特（2002）、Gereffi（1999）、Humphrey 和 Schmitz（2002）、Poon（2004）
	全球价值链	嵌入全球价值链，实现集群全球化	Gereffi（1999）、Humphrey 和 Schmitz（2000）、Kaplinsky 和 Morris（2001）

资料来源：笔者整理。

聚度的测算方法，认为集群现象在多数制造业中是明显的。Amiti（1997）对部分欧盟国家工业行业 1968～1995 年的集聚程度进行了测算，认为制造业在该研究期内的专业化程度呈不断上升趋势。

第二，将研究对象按照不同技术水平、不同资源密集度进行行业细分，分析不同类型细分行业的集聚特征。Devereux 等（2004）研究了英国制造业的集聚水平，发现电子通信产品制造业、机械制造业等高技术产业的集聚度低于纺织业、皮革制品业等低技术产业。Maurel 和 Sedillot（1999）认为三类产业的集聚水平较高：一是如采掘业、船舶制造业等依赖资源发展起来的产业；二是如纺织、皮革制品业等依赖地理位置、区位因素发展起来的行业；三是如计算机、通信和其他电子设备制造业等知识溢出效应较强的技术水平较高的产业。Brulhart（2007）的研究显示，大多数欧盟国家的制造业集聚度呈上升趋势，初始状态下技术密集型产业的集聚度高于劳动密集型产业，但随着时间的推移，部分技术密集型产业的集聚度呈下降态势。Alecke 等（2006）以 1998 年为研究时点，以德国制造业为研究对象，运用截面数据对其集聚程度进行测算，认为技术水平较高的产业其集聚度反而不高，4/5 的行业集聚现象明显。

二、产业集群影响因素研究

第一，基于新古典经济学的分析框架：Marshall（1920）指出三种力量有力地推动了产业集聚现象的形成：一是劳动力市场共享；二是中间产品投入以及专业化的服务市场；三是企业间的知识溢出。Boudeville（1966）将"增长极"的概念引入区位理论中，通过将两者结合实现对增长极理论研究的进一步扩展，使其不再仅仅局限于经济空间维度，而是进一步将其扩展到了地理空间维度。Boudeville 认为，经济空间还包括了不同经济现象相互之间的地理区位关系。Kim（1999）发现，企业平均规模、劳动力密集度、资源投入率、专业技术人员占比等因素显著地促进了美国制造业的空间集聚。Rosenthal（2001）使用 2000 年的截面数据，运用 EG 指数法，测算了美国制造业的集聚态势，并进一步对美国制造业空间布局的影响因素进行了研究，结果显示，形成产业集群的决定因素为自然资源禀赋、劳动力市场共享、运输成本与技术溢出。

第二，基于经济地理学的分析框架：Henderson（1986）认为，经济地理因素的差异是影响不同区域工业形成集群的重要因素，为了研究经济地理因素对集群规模经济的影响，Henderson 通过对工业集群发展过程的研究，结合集群规模经济的形成过程和实际发展情况，建立了与实际相符的城市规模模型，通过对模型的分析发现，集群规模经济的产生是有条件的，由此证明了拥塞效应的存在。研究结果表明，产业集群在发展到一定程度后，产业集群的正外部性会随着集群规模的进一步扩大而减弱，拥塞效应与集聚水平呈现出负相关的关系。

第三，基于新经济地理学的分析框架：Fujita（1988）、Krugman（1991）认为报酬递增是一种地方现象，企业生产效率的提高、产品产量的提升会大幅降低企业的生产成本，而由此产生的报酬递增又会反过来促使企业进一步提高产量和生产效率来实现生产成本的进一步降低，所形成的相对较低的生产成本优势，会提高企业的市场占有率、增强竞争优势，进而促进企业进一步扩大生产规模，这种因果循环效应将促使产业高度集中。Antje 和 Julia（2003）以东欧 13 个制造业为研究对象，研究了其 1993～2000 年的集聚状况，发现影响产业集聚进而形成集群的显著因素有人力资本、外商直接投资、政府支持、规模经济、贸易成本与产业间技术差异。

三、产业集群与经济增长的关系研究

第一，产业集群与经济增长呈正相关关系。Marshall（1920）最早提出了经济活动的空间集聚有利于生产效率的提升和经济增长的思想，产业集群的外部性对促进要素生产率有利，同时可提高厂商的生产绩效。Dekle 和 Eaton（1999）将就业密度纳入产业集群的影响指标，对日本国内产业集群对劳动生产率的影响进行了实证性的深入研究，发现日本制造业和服务业集聚显著地提高了劳动生产率，弹性系数分别为 1% 和 1.2%。Ciccone（2002）同样以就业密度代表产业集聚度，对德国、英国、法国、意大利和西班牙 5 个国家的产业集群与地区劳动生

产率的关系进行了研究，发现当就业密度每上升 100%，地区劳动生产率会提高 4.5%。Baldwin 和 Martin（2004）指出，经济活动集聚促使产业间的供给与需求之间产生前后向关联效应，企业可通过先行与后续产业部门的紧密联系降低生产和交易成本，此外，集聚还能通过技术溢出和扩散的关联效应促进经济增长。Crozet 和 Koenig（2007）研究认为，1980~2000 年欧盟经济活动的空间集聚有利于地区的经济增长，且生产活动内部空间分布越不均匀的地区，其经济增长越快。

第二，产业集群与经济增长呈负相关关系。Carlino（1979）的研究表明集群内持续扩大的人口规模会对生产率增长产生不利影响。Besson（1993）采用随机前沿法对美国 1959~1973 年州级数据进行了实证检验，发现产业集群对当地生产率产生负向影响。Sbergami（2002）在集群内生性方面取得了突破，运用跨国面板数据，选择 Krugman 指数、Gini 系数和 Balassa 指数对欧盟国家的经济集聚进行度量，结果显示对于不同技术水平的行业，无论是低技术行业、中等技术行业还是高技术行业，其集聚均阻碍了经济增长。

第三，产业集群与经济增长的关系不确定。Williamson（1965）认为，在产业集群发展的前期阶段，交通运输和通信等方面的基础设施并不完善，信息流通效率低，劳动力市场与资本市场的规模均较小，而产业集群会大大改善这些情况，对所在区域的经济发展发挥出重要的推动作用，该阶段经济活动的空间集聚会显著提高效率水平。随着经济发展水平的提高，集群因拥塞效应而产生的负外部性会逐渐凸显出来，当集群发展到一定规模并超越某一临界点后，产业集群对所在区域内的经济发展就会转变为负面影响，使该区域的经济活动逐渐形成一种空间分散的趋势。Arup（1999）以印度的电器设备和棉花纺织业为例进行了实证研究，认为当城市处于适度规模时，集聚经济带来的正向外溢效应会有效地促进产业生产效率的提高，但当城市规模过大，城市过于"拥挤"时，规模不经济效应将取代规模经济效应而占据主导地位。Beaudry 和 Swann（2001）研究了英国几十个产业集群的集聚强度对集群内企业经营绩效的影响。产业集群的集聚强度的表征指标用员工数量来表示，分析得出不同产业的集群效应不同，正效应与负效应同时存在，高技术行业集群存在明显的正效应。Futagami 和 Ohkusa（2003）从产品多样性角度对市场规模与经济发展之间的关系进行了系统分析，研究结果发现，市场规模与经济发展效率之间的相互关系在几何形状上表现为倒"U"形曲线，即对于某一特定区域，市场存在这一最优规模，在此市场规模下的经济发展才最有活力和效率，经济发展速度和质量才会达到最高点，而市场规模的偏大和偏小都无益于经济的快速发展，此结论同时也证明了产业集群的规模效应的确表现为非线性曲线特征。Lin 等（2011）运用 Ellison-Glaeser 指数，通过收集大量实际数据，对我国纺织业产业集聚度进行了测量，证明了产业集聚与劳动生产率之间表现为倒"U"形的相互关系。

四、产业集群转型升级研究

国外关于产业集群转型升级的研究，虽然有的学者从较为宏观的层面来把握，有的侧重于从中观层面或微观层面进行界定，但基本都是从价值链理论角度出发，将集群的转型升级视为一个动态进步的过程，在该过程中，集群的灵活性、创新性得到不断提升。

第一，本地化视角下。产业集群升级从理论角度来讲，就是相对于劳动力等其他资源禀赋，当资本更加充裕时，国家通过合理的规划和调控，在资本和技术密集型产业中发展比较优势（波特，2002）。Gereffi（1999）提出，产业集群的升级过程实质上就是某些产业或企业等经济体提升自身向更具有获利能力的资本和技术密集的经济领域迈进的过程。他认为产业升级可分为四个层次：一是在产品层次上的升级；二是在经济活动层次上的升级；三是在部门内层次上的升级；四是在部门间层次上的升级。在此基础上，Humphrey 和 Schmitz（2002）进一步提出了一种以企业为中心的产业升级层次划分，其分为四个层次，由低到高依次是流程升级、产品升级、功能升级和链条升级。Poon（2004）认为，产业升级过程实际上就是企业的经济角色的成功转变过程，即由从事低价值的劳动密集型产品的生产向资本和技术密集型、具有更高价值产品的生产转变。

第二，全球价值链视角下。国外学者从全球价值链理论角度出发，提出产业集群的转型升级过程就是在全球价值链条中处于低附加值环节的产业集群为实现更高的收益向全球价值链的高附加值环节迈进的过程。该理论结合全球价值链中的产业分工，提出了一种产业集群转型升级的路径，即委托组装（OEA）—委托加工（OEM）—自主设计和加工（ODM）—自主品牌生产（OBM）和全球营销，同时还针对升级的每一阶段提出了相应的升级目标，依次为工艺流程升级、产品升级、功能升级和链条升级（Gereffi，1999；Humphrey and Schmitz，2000；Kaplinsky and Morris，2001）。同时，根据对该理论模型的理论与实证分析的结果，价值链不同类型的驱动方式和治理结构都会对产业集群的升级产生很大程度上的影响（Humphrey and Schmitz，2002；Gereffi et al.，2003）。全球价值链理论为产业集群通过嵌入全球价值链中实现转型升级指明了具体的发展方向和转型升级的步骤，对于发展中国家的产业集群转型升级起到了十分重要的借鉴和指导作用。但是，应该指出的是，产业集群不能盲目地通过嵌入全球价值链来实现转型升级，这并非也不应是唯一的转型升级路径，要结合产业自身特点和优势选择适合自身发展的转型升级方式。

目前，国外对立足于资源型产业、以资源开发利用为基础和依托的资源型产业集群尚没有统一和明确的定义，资源型产业集群概念的提出是基于我国资源型产业发展的实际情况及其发展过程中所存在的问题。国外对于资源型产业集群的理论研究基本可以归纳为两个方面：①对产业集群的研究过程中所涉及的某一具体的资源型行业的研究；②对资源型地区和城市中所形成的资源型产业集群的研究（于潇和毛雅萍，2014）。

第二节　国内文献综述

截至 2022 年 5 月 9 日，经 CNKI 数据库检索，关键词＝"产业集群"，有 18771 篇/部；关键词＝"产业集群 & 转型升级"，有 169 篇/部；关键词＝"资源型产业集群"，有 51 篇/部；关键词＝"资源型产业集群 & 转型升级"，有 0 篇/部；关键词＝"制造业集群"，有 522 篇/部；关键词＝"制造业集群 & 转型升级"，有 4 篇/部；关键词＝"资源型产业集群 & 制造业集群"，有 0 篇/部。

在检索界面以关键词＝"产业集聚"进行检索，可得到有关主题、发表年度、作者、机构、研究层次的图谱分析。同时，以"产业集聚"2005～2020 年的研究发展情况为研究对象，结合可视化分析软件 CiteSpace 做了这十多年来的发文数量、发文作者和机构、关键词共现及突现分析。

通过统计 2003～2022 年有关产业集群的发文量，得出学者们研究产业集群的发文变化趋势，如图 2-1 所示。总体来看，2003～2022 年产业集群的发文量有较大波动，具体可以分为三个阶段：上涨期（2003～2008 年），这一阶段发文量是从较高的水平向更高的水平增长。持续下跌期（2009～2019 年），这一阶段，2012～2013 年下降较为平缓。缓慢上升期（2020～2022 年），2020 年之后发文量逐渐增长。

与"产业集群"相关的主题研究较多，下文对文献样本所涉及的主题分布进行了一个简单的统计，选取了前 30 名来简要分析文献的主题分布。从中发现，发文数量涉及较多的主题分别是产业集群、产业集群发展、产业链、区域经济、区域经济发展、中小企业等。

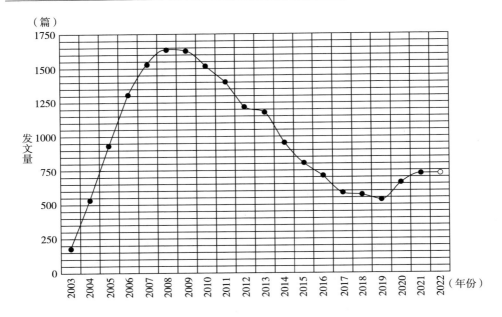

（篇）

图 2-1　发文量的变化趋势

资料来源：笔者整理。

有关产业集群研究涉及的主题，发文量排名前 30 位的分别是：产业集群、产业集群发展、产业链、区域经济、区域经济发展、中小企业、竞争力、区域品牌、集群企业、制造业、工业园区、技术创新、竞争优势、产业集聚、实证研究、产业集群竞争力、产业集群创新、全球价值链、县域经济、产业集群升级、集群发展、对策研究、河南省、实证分析、浙江省、高新区、高质量发展、产业园区、协同创新、产业升级。

同时与"产业集群"相关的研究层次也较多，图 2-2 对文献样本所涉及的研究层次进行了简单的统计，选取了前 18 位来简要分析文献的研究层次。

通过对 2003～2022 年有关产业集群的发文量进行统计，可以得到按发文量划分的前 30 个作者（见图 2-3）。

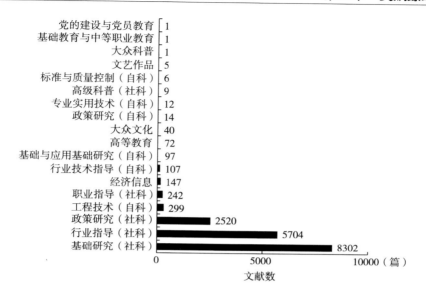

图2-2 产业集群研究涉及的研究层次（前18名）

资料来源：笔者整理。

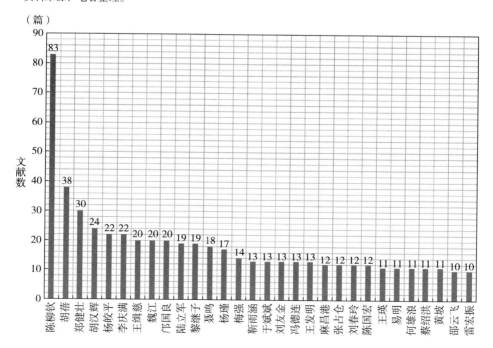

图2-3 作者发文量（前30名）

资料来源：笔者整理。

通过对 2003~2022 年有关产业集群的发文量进行统计，可以得到按发文量划分的前 30 个机构（见图 2-4）。

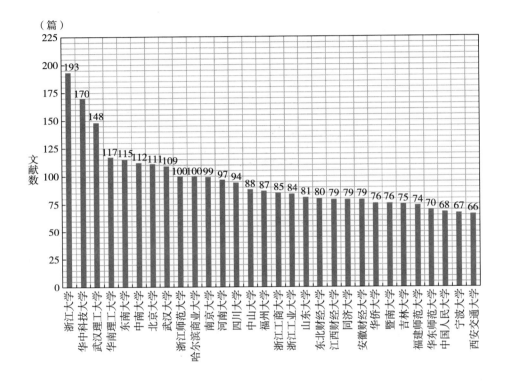

图 2-4　机构发文量（前 30 名）

资料来源：笔者整理。

下面将用关键词突现图谱探讨未来有关产业集聚的研究趋势（见图 2-5）。同时还可进一步通过关键词时间线图谱反映不同阶段研究热点的变化。

结合以上分析，可以得出产业集群具体涉及的四个方面，本部分同样从产业集群特征、产业集群影响因素、产业集群与经济增长的关系及产业集群转型升级四个方面对国内相关文献进行梳理（见表 2-2）。

关键词	年份	经度	开始年份	结束年份	
竞争优势	2005	12.11	2005	2008	
特征	2005	2.98	2005	2008	
对策	2005	4.22	2006	2010	
外商直接投资（FDI）	2005	3.98	2006	2009	
高新区	2005	3.25	2006	2009	
升级	2005	5.10	2007	2010	
创意产业	2005	3.81	2007	2010	
自主创新	2005	4.13	2008	2012	
产业集聚	2005	4.00	2008	2012	
文化产业	2005	6.06	2010	2014	
产业园区	2005	2.89	2010	2013	
影响因素	2005	4.79	2012	2016	
复杂网络	2005	4.62	2012	2017	
协同创新	2005	7.35	2013	2020	
转型升级	2005	5.97	2013	2020	
演化博弈	2005	5.48	2013	2017	
创新绩效	2005	3.86	2013	2016	
创新集群	2005	3.22	2013	2016	

图 2-5　2005～2020 年产业集群的前 18 位关键词突现图谱

资料来源：笔者整理。

表 2-2　国内产业集群研究概况

研究主题	研究角度	主要观点	代表学者
产业集群特征	产业的"聚集力"占主导地位	产业呈集聚态势	杨洪焦等（2008）、薄文广（2010）、贺灿飞和潘峰华（2011）、谢里等（2012）、巩前胜和董春诗（2014）、陆梅和王鑫（2021）
	产业的"分散力"占主导地位	产业呈扩散态势	吴三忙和李善同（2010）、王缉慈（2010）、孙久文和郭琪（2011）

续表

研究主题	研究角度	主要观点	代表学者
产业集群影响因素	传统贸易理论和新贸易理论	要素禀赋、比较优势对产业集群的形成具有重要影响	张同升等（2005）、贺灿飞和谢秀珍（2006）
	新经济地理理论	规模经济、贸易运输成本对产业集群的形成发展产生重要影响	梁琦（2004）、金煜等（2006）、赵海东（2007）、王锋正等（2007）、朱英明等（2012）
	新古典经济理论	劳动力市场共享、中间产品投入以及专业化服务市场、企业间的知识溢出是影响产业集群形成的重要因素	路江涌和陶志刚（2007）、吴建峰和符育明（2012）
	地方保护主义	地方保护主义对产业集群有重要影响	白重恩等（2004）、路江涌和陶志刚（2007）、潘瑞成和刘睿君（2018）
	对外开放	FDI、对外贸易因素在产业集群形成过程中发挥重要作用	吴艳红等（2011）、涂艳梅和魏景斌（2015）
产业集群与经济增长的关系	产业集群与经济增长正相关	产业集群通过发挥正向的"集聚效应"促进经济增长	魏守华和石碧化（2002）、周兵和蒲勇键（2003）、张明龙（2004）、张艳和刘亮（2007）、张玉明和李凯（2008）、孙慧（2008）、叶迪（2013）、刘芳和方丽（2021）
	产业集群与经济增长负相关	产业集群的"拥塞效应"阻碍了经济增长	徐康宁和王剑（2006）、胡援成和肖德勇（2007）、王立恒（2010）、田素妍等（2012）、谢波（2013）
	产业集群与经济增长的关系不确定	产业集群与经济增长的相关关系或不显著，或呈非线性关系	罗勇和曹丽莉（2005）、徐盈之等（2011）、孙浦阳等（2011）、王燕和徐妍（2012）、邵帅等（2013）、王晶晶等（2014）、孙慧和朱俏俏（2016）
产业集群转型升级	产业升级	产业集群升级包括产业升级和区位升级两个方面，强调集群所依附产业结构的高度化和集群内产业结构的转化	苏东水（2000）、任家华（2007）、张连业和杜跃平（2007）、赵虹等（2008）、钱凯（2009）、叶海玲等（2020）
	全球价值链	产业集群结合自身优势嵌入全球价值链中，在转型升级的同时，实现更健康的发展，通过全球价值链中各种价值活动间的相互关系，提升收益和创造更高的价值	文嫮和曾刚（2005）、刘珂和和金生（2006）、段文娟等（2007）、左和平（2010）、吉敏等（2011）

一、产业集群特征研究

尽管学者们对产业集群的集聚程度采取的测度指标不同，但产业集群现象的存在已成为几乎所有研究者的共识。关于我国工业集聚水平及其变动趋势，研究者们的研究结论普遍认为：从时间维度来看，改革开放 40 多年来我国工业集聚水平大致呈上升趋势；从空间维度来看，总体表现为不同行业和不同地区间工业集群发展的不均衡，我国经济较发达的东部地区产业集群现象明显，而其他地区产业的集聚水平普遍偏低，同时，基于不同地区、不同行业的产业集群特征与发展趋势的研究结论存在差异。

第一，产业的"聚集力"占主导地位。杨洪焦等（2008）运用 EG 指数对我国 1988~2005 年的 18 个制造业的集聚程度及演进态势进行了测度分析，认为自然资源密集型行业和高技术行业的集聚特征尤为明显，且呈上升趋势。薄文广（2010）测度了我国 25 个两位数制造业 1993~2007 年的地理集中程度，认为产业集中度呈不断上升趋势，其中资源型产业集中度最高，变化率最低，主要集中在内陆地区的落后区域；高技术产业集中度与变化率均次之，主要集中在沿海发达地区；其余类型产业集中度最低，变化率最高，如劳动密集型产业，主要集中在沿海相对落后地区及内陆相对发达地区。贺灿飞和潘峰华（2011）认为，东部沿海地区是我国制造业的主要集聚区，且集聚水平总体较高，但存在显著的行业差异，以外资主导且以出口为主的劳动密集型产业主要集中在沿海地区，依赖大量中间产品投入的资本技术密集型产业的集聚度较高，依赖特定自然资源投入的资源密集型产业的集聚度较低。谢里等（2012）运用地理集中指数和五个省区市行业集中度对中国矿产资源产业五大分行业 2000~2009 年的集聚水平进行了测算分析，认为资源型产业整体集聚水平较高，但发展速度较慢，各细分行业的集聚水平和集聚趋势差异较大。巩前胜和董春诗（2014）运用行业集中度指数、赫芬达尔指数、区位熵指数测算了中国油气资源产业的集聚水平，并从行业和区域两个视角对油气资源产业的分布特征进行分析。陆梅和王鑫（2021）的研究表明，环杭州湾城市群文化创意产业集聚整体呈现由"双核心"（杭州市、宁波市）集聚向"单核心"（杭州市）集聚的演化，环杭州湾城市群文化创意产业集聚与扩散并存。

第二，产业的"分散力"占主导地位。近年来，我国的产业布局随着国内外经济形势的变化而逐渐发生了改变。部分研究者认为，随着生产要素价格升高等因素的影响，有些制造业的集聚水平呈下降趋势，且开始由东部地区向中西部地区转移。例如，吴三忙和李善同（2010）分析了1980～2008年中国制造业地理集聚的时空演变特征，认为近年来导致产业扩散的"离心力"开始发挥作用，部分制造业的空间分布态势逐渐由东部地区向其他地区转移。王缉慈（2010）认为，人民币价格提升、劳动力要素成本上涨、环境规制压力增大等因素是影响制造业西移的主要因素。孙久文和郭琪（2011）运用基尼系数对中国制造业1985～2008年的地理集中程度进行了测算，认为2005年是分水岭，之后制造业由东部省份向内陆地区转移。

二、产业集群影响因素研究

近年来，学者们基于不同的理论分析框架，从不同的研究视角出发，对产业集群形成与发展的各种影响因素进行了考察，所得结论也各有不同。

第一，在传统贸易理论和新贸易理论框架下，张同升等（2005）发现自然资源禀赋因素对我国1980～2000年的制造业集聚产生了较大影响。贺灿飞和谢秀珍（2006）测算了我国20世纪80年代以来制造业的地理集中程度，在实证检验中发现，表征比较因素的劳动力强度指标、技术强度指标对制造业集聚产生正向作用，因此，他们认为比较优势是产业形成集群的重要因素。

第二，基于新经济地理理论，梁琦（2004）以空间经济学为理论基础，认为产业集聚的影响因素包括规模收益递增、贸易运输成本等基本因素，还包括地方市场需求与市场关联等市场因素，此外，产业集聚的知识溢出效应也是影响产业集聚的关键因素。金煜等（2006）基于新经济地理学的分析框架对工业集聚的影响因素进行了分析，发现经济开放、市场容量、城市化、基础设施的改善和政府作用的弱化对工业集聚产生积极作用。赵海东（2007）认为，资源型产业集群形成的基础是资源禀赋，市场对其产品的需求是资源型产业集群形成的关键因素，从事相关行业的企业会在市场需求的有效吸引下，为实现收益和企业的发展而自发地组织资本、劳动力、生产工艺技术等要素，进而向资源所在区域集聚，而资源型产业集群形成的路径要靠政府培育。王锋正等（2007）从产业集群的形成机制出发，揭示了内蒙古资源型产业集群发展的动力，认为资源型产业集群形成与发展的动力，主要表现在资源地域集中性、外部经济性、技术外溢性、相关组织机构的支持、熟练的劳动力市场、优越的制度政策环境。朱英明等（2012）研究表明，水土资源短缺、需求规模、地方政府竞争显著地促进了工业集聚。

第三，基于新古典经济学的分析框架，路江涌和陶志刚（2007）根据马歇尔的外部性经济理论提出的形成产业集聚的三种力量：一是劳动力市场共享；二是中间产品投入以及专业化的服务市场；三是企业间的知识溢出，经研究证实，产业间的知识技术溢出效应、劳动力市场培育、行业间的投入产出关系、运输成本是决定产业布局的关键因素。吴建峰和符育明（2012）选取影响产业集群的代表马歇尔外部性特征变量的指标如产业技术投入强度、产品市场化程度、产业中间产品投入强度、产品出口程度进行实证研究，证实了马歇尔外部性的确显著地影响了制造业的空间集聚。

第四，在区域竞争不断加剧的市场环境下，越来越多的学者也注意到了地方保护主义对产业集群的影响。白重恩等（2004）认为，地方保护严重的产业多集中于利税率高及国有化程度高的产业，这类产业的集中程度也相应较低。路江涌和陶志刚（2007）证实了地方保护主义对产业的空间集聚起到阻碍作用。潘瑞成和刘睿君（2018）研究了我国体育产业集群的影响因素，将政府支撑行为、产品和产业链、区位优势、人才优势、经济文化界定为体育产业集群发展的影响因素，并构建了结构方程模型（SEM）进行实证分析。

第五，随着经济全球化的程度加深，FDI、对外贸易因素在产业集群形成过程中的作用逐渐凸显出来。吴艳红等（2011）对我国 1999~2008 年 FDI、产业特征与制造业地理集中的关系进行了研究，发现 FDI 的进入对我国制造业的集聚产生了显著的积极作用，依据外资比重将产业进行细分后发现外资分别对高外资比重产业和低外资比重产业产生正向、不显著的影响。涂艳梅和魏景斌（2015）以中国东部沿海、长江黄河中游和大西北三大区域为研究区域，实证考察了 2004~2011 年制造业出口贸易对产业集群的影响，认为在东部沿海和部分中游地区，出口贸易显著地促进了产业集聚，而在大西北地区和其他中游地区，出口贸易对产业集聚的影响不显著。

三、产业集群与经济增长的关系研究

第一，产业集群与经济增长呈正相关关系：魏守华和石碧化（2002）在《论企业集群的竞争优势》一文中认为，产业集群具有"乘数效应"，集群的发展促使区域形成专业化产业区，有利于提高区域竞争力、带动区域经济发展。周兵和蒲勇键（2003）以索罗经济增长理论为基础，结合产业集群形成的内在原因，运用定量分析方法来解释我国一些地区产业集群与经济增长的关系，发现产业集群通过发挥集群经济和竞争优势降低了产业集群的平均成本和产业集群中单个企业的评价成本。张明龙（2004）认为，产业集聚通过推进生产要素或资源的有机结合，产业之间的关联性和聚集力得以增强，同向合力的乘数效应发挥作用，使生产交易费用降低，同时，区域内企业数量增多、规模扩大分摊了单位产品的固定成本，促使产业集聚产生积极的溢出效应。张艳和刘亮（2007）运用工具变量法，实证检验了我国 1999~2004 年经济集聚对城市人均实际 GDP 的影响，研究表明，经济集聚存在内生性问题，并显著地促进了城市经济增长。张玉明和

李凯（2008）认为，产业集聚的市场外部性和技术外部性可间接影响区域生产率的提高，从而促进区域的经济发展。孙慧（2008）以资源型省份新疆维吾尔自治区为例实证分析发现，以能源产业为主要特色的产业集群促进了新疆维吾尔自治区的区域经济增长、推动了新疆维吾尔自治区的工业化、城镇化发展。叶迪（2013）利用我国 25 个省份的面板数据从理论和实证两方面均证明了中国工业集聚有效促进了工业经济的增长。刘芳和方丽（2021）研究表明，山东省旅游产业蓬勃发展，旅游综合收入逐年攀升，旅游产业集群已经成为山东区域经济增长与发展的重要拉动力。

第二，产业集群与经济增长呈负相关关系：徐康宁和王剑（2006）从"资源诅咒"的角度实证分析认为，自然资源的丰裕以及对其的依赖会通过资本投入与劳动投入的转移机制制约经济的增长。胡援成和肖德勇（2007）考察了中国省际层面的实际情况，得出了自然资源富集的地区其经济发展水平反而很低的结论。王立恒（2010）采用区位熵、空间基尼系数和集中系数等方法对产业集聚程度进行测量，得出产业集聚阻碍了经济增长的结论。张亮亮（2007）认为，矿产资源型产业集群的形成发展在带来正向集群效应的同时也会带来诸如外部不经济、集群特有风险、"帆船效应"等阻碍集群和地区经济可持续发展的负效应。田素妍等（2012）采用 VAR 模型及广义脉冲分析，实证检验了产业集聚与中国水产品出口竞争力呈负相关关系，即产业集聚对中国水产品出口竞争力有负面的终端影响。谷永芬和洪娟（2013）基于 2001~2010 年长三角 25 个城市的面板数据对服务业集聚与区域经济增长的关系进行了研究，认为两者呈负相关关系，服务业集聚程度每提高 1%，区域经济增长水平下降 0.395%，负效应影响明显。谢波（2013）的研究结果表明资源型产业集聚显著阻碍了经济增长，"资源诅咒"现象在我国的确存在，资源型产业集聚在中西部地区对技术创新的"挤出"效应明显。

第三，产业集群与经济增长的关系不确定：罗勇和曹丽莉（2005）实证分析和检验了中国 20 个制造业的集聚程度与工业增长之间的关系，发现大多数制造业的集聚程度与工业总产值之间表现出较强的正相关性，只有少数受资源禀赋制约的行业其集聚程度与工业总产值之间呈弱负相关性。徐盈之等（2011）基于 1978~2008 年中国 30 个省份的面板数据建立了门槛回归模型，实证考察了空间集聚对经济增长的影响，认为空间集聚与经济增长之间呈非线性相关关系，即在达到门槛值之前，集聚能显著促进效率提升，但达到某一门槛值后，空间集聚对经济增长的影响变小，甚至阻碍经济增长，验证了"威廉姆森假说"在中国显著存在。孙浦阳等（2011）基于世界 85 个国家 1995~2008 年的面板数据，考察了各国国内经济活动空间集聚对经济增长的影响，验证了"威廉姆森假说"，结果表明集聚的优势随着国家经济的快速发展逐渐被削弱。王燕和徐妍（2012）以我国制造业为例，证明了产业空间集聚对全要素生产率的影响存在门槛效应，其影响力随产业集聚水平的提高而逐步减弱，集聚存在最优规模。邵帅等（2013）认为，"资源诅咒"的发生是有条件的，资源产业依赖对经济发展效率的影响是非线性的，只有在产业发展对自然资源的依赖超过某一拐点时，"资源诅咒"现象才会发生。王晶晶等（2014）基于中国 2000~2011 年 261 个地级及以上城市的面板数据，采用两阶段系统广义矩方法实证研究了服务业集聚与劳动生产率之间的关系，指出服务业集聚的"拥塞效应"和"集聚效应"会在不同时期达到不同均衡，中国服务业存在"威廉姆森效应"。孙慧和朱俏俏（2016）基于 2006~2012 年中国 31 个省份的面板数据实证考察了资源型产业集聚对全要素生产率增长的非线性影响，认为资源型产业集聚与全要素生产率增长呈显著的倒"U"形曲线关系，资源型产业集聚存在最佳规模阈值；资源型产业集聚对全要素生产率的影响是动态的，"集聚效应"与"拥塞效应"同时发挥作用。

四、产业集群转型升级研究

第一，部分国内学者站在产业升级的角度，对产业集群的转型升级做出了定义。苏东水（2000）认为，产业集群转型升级主要是产业结构的高度化转变过程，而产业结构高度化的转变过程具体表现为劳动密集型产业结构—资本密集型产业结构—技术和知识密集型产业结构。钱凯（2009）指出，产业集群的转型升级包含了产业产出总量的增长和产业结构的高度化两个方面，是一种实现产业由低层次向高层次的转变过程。由此可见，产业升级的概念比较宽泛，产业集群的转型升级包含了具体的产业升级问题、与地理文化等紧密相关的区位升级问题两个方面，并作为产业升级的一种表现形式（任家华，2007）。张连业和杜跃平（2007）认为，资源型产业集群实现健康可持续发展的唯一途径是促进资源型产业集群通过渐变式和剧变式两种路径向创新型产业集群转型升级。赵虹等（2008）提出，资源型产业集群的转型路径为资源依赖型产业集群—资源依附性产业集群—资源依从型产业集群—多元复合型产业集群。叶海玲等（2020）以产业集聚为研究视角，以绍兴蓝印时尚小镇为研究对象，对其集聚路径、集聚动力及集聚效益进行了分析。

第二，随着专家、学者对产业集群转型升级问题研究的不断深入，产业集群转型升级的概念也得到了进一步补充，并且一部分学者开始运用全球价值链理论模型对产业集群的升级进行研究。梅丽霞等（2005）通过研究认为产业集群的升级包括五个方面的内容，分别是技术能力的升级、创新能力的升级、外向关联的升级、社会资本的升级和创新系统的升级，从全球价值链的角度来看，具体表现为在产业集群结合自身特有优势的基础上，通过嵌入全球价值链并利用价值链中各种价值活动的关联性，捕捉、创造进而保持价值（文嫮和曾刚，2005）。简单地说，产业集群的转型过程就是整个集群可持续发展问题的解决过程（谢先达和周春蕾，2006），其持续的发展是由内生成长因素和外生成长因素共同作用的结果（曹群，2006）。创新能力的提升是产业集群转型升级的关键，从全球价值链的角度来看，其主要表现为在全球价值链高附加值环节收益能力的提升，通过创新能力提升的不断演化过程，产业集群会显著地提高自身在整个产业系统中的地位和层次（武云亮和唐敏，2008）。因此，在全球经济一体化和价值链片段化背景下，嵌入全球价值链是它更为重要的升级途径（左和平，2010）。通过运用全球价值链理论来分析研究产业集群转型升级的问题，使我们可以基于更加开阔的视角去理解产业集群转型升级的内涵，也使我们对于产业集群转型升级的认识得以深化和拓展。但是，如果单单从全球价值链角度来定义产业集群转型升级的内涵，就会造成理解上的片面，如这种理论研究方法将产业集群升级作为一个整体看待，就会造成产业集群升级内部动因等内部因素被忽略。还有许多学者（刘珂和和金生，2006；吉敏等，2011）从技术创新、创新网络、组织分工、知识和社会资本增强、强化集群企业信任与合作等方面探讨了集群的转型升级路径。

第三节　国内外文献述评

总结国内外产业集群相关研究文献发现，目前国内外学者对产业集群理论与实证研究范围十分广泛，形成了较为成熟的产业集群理论体系，极大地丰富了产业集群的理论研究。国外学者开创性地进行了产业集群领域的研究，提出了产业集群理论，奠定了产业集群领域研究的理论基础。国内学者在国外研究的基础上不断深入，并与中国实际情况相结合，在产业集群的集群特征、集群的影响因素、集群对经济增长的影响、产业集群的转型升级、产业集群可持续发展路径等方面取得了丰硕的研究成果。

第一，关于产业集群特征的研究。国外对产业集群这一现象的研究比较早，自马歇尔最早关注产业集群现象以来，众多专家学者就从不同视角、采用不同方法对产业集群的集聚程度进行测算，对产业集群的集聚水平、集聚态势、集群的发展趋势、集群空间分布进行了大量研究。国外学者开创性地提出了产业集聚水平的测度方法，主要有地理集中指数、空间基尼系数、赫芬达尔指数、哈莱-克依指数、行业集中度指数、区位熵指数等。研究或是将某一类型产业作为一个整体进行研究，或是将研究对象细分为不同的行业，探讨在不同地区的不同技术水平、不同资源密集度的细分行业的集群特征。国内学者在借鉴国外学者研究方法的基础上，对我国不同行业、不同地区的产业集群现象进行了研究。国内外学者认为产业集群现象已明显存在，当产业的聚集力占主导地位时产业呈集聚态势，当产业的分散力占主导地位时，产业呈扩散态势。但由于研究方法、研究对象、研究时限不同，所得结论也不尽相同。

第二，关于产业集群影响因素的研究。国内外学者基于新古典经济理论、传统贸易理论和新贸易理论、经济地理理论、新经济地理理论、地方保护主义、贸易开放等相关理论和研究视角对影响产业集群的驱动因素和作用机理进行了深入研究，认为要素禀赋、区位优势、规模经济、地方保护、技术创新和扩散、低交易费用、交通成本、对外贸易、优化产业组织形成的市场竞争力、集群经济效应等是影响产业集群形成的重要因素，但同一因素对不同区域、不同产业的影响存在差异。

第三，关于产业集群与经济增长关系的研究。在早期对产业集群的研究中，学者主要关注检验产业集群的存在性，即产业集群在某一研究区域内是否存在，以及分析产业集群的影响因素。在后来的研究中，学者们逐渐关注对产业集群经济增长效应的分析，即分析产业集群与经济增长的关系如何，产业集群对经济增长会产生何种影响。目前，对产业集群经济增长效应的分析大致有三种结论：一是产业集群与经济增长呈正相关关系，产业集群通过规模经济、降低成本、技术溢出等途径会促进经济增长；二是产业集群与经济增长呈负相关关系，产业集群通过拥塞效应阻碍了经济增长；三是产业集群与经济增长的关系不确定，两者之间的关系或是不显著，或是呈非线性关系。

第四，关于产业集群转型升级的研究。关于产业集群转型升级的研究主要有两种思路：一种是基于本地化视角，从集群本身及内部入手，认为产业集群转型升级问题既包括产业升级，又包括区位升级，强调产业集群转型升级的过程也是集群所依附产业结构的高度化和集群内产业结构的转化；另一种是基于全球价值链的视角，将产业集群嵌入全球价值链，并在治理的过程中通过各种创新活动，促使集群从低附加值向高附加值环节进而向更高层次的新链条攀升。

第五，关于资源型产业集群的研究。目前，国外尚无针对资源型产业集群的理论研究成果，但在其对产业集群的研究中会涉及与某些自然资源相关的行业，并将其列为研究对象，其在该方面所做研究的理论依据和研究成果对中国资源型产业集群的发展具有很强的借鉴和参考价值。国内学者结合中国实际，在国外对制造业集群研究的基础上提出了资源型产业集群的概念，开拓了一个新的研究领域，并从资源型产业集群的概念特征和结构、资源型产业集群的发展模式、资源型产业集群的集群效应、资源型产业集群转型升级等方面做出了积极有益的研究，丰富了产业集群理论。

通过对已有文献的梳理总结发现：

从研究对象来看，已有研究仅聚焦于单一类型产业集群，而将资源型产业集群和制造业产业集群两种类型的产业集群纳入同一研究框架结合起来进行的研究比较少见。

从研究内容来看：①对于产业集群经济增长效应的研究，国内外专家学者均未得出一致结论，且研究大多是在一个静态分析框架下进行的，无法考察产业集群的动态性对经济增长及其作用机制的影响。②对于产业集群转型升级路径的研究，已有研究未对资源型产业集群与制造业产业集群转型升级的最佳时机给予量化研判；且转型升级大多只基于单一视角，或是从集群本身出发探寻转型升级的路径，或是从全球价值链视角出发，将集群嵌入全球价值链进行转型升级，而针对不同类型产业集群同时考虑两种转型升级思路的研究较少。

鉴于此，本书与以往单一类型的产业集群研究不同，将资源型产业集群和制造业产业集群两种类型的产业集群纳入同一研究视野，对两者进行综合考量和比较分析。运用集群理论和数量分析方法，探讨资源型产业集群与制造业产业集群两种类型产业集群的集群特点、集聚态势、空间布局、影响因素及其对产业经济增长的动态影响效应及作用机制，在对两种产业集群转型升级最佳时机进行研判的基础上提出了两种产业集群差异化的转型升级演化路径，探讨不同类型产业集群转型升级发展的路径模式，进一步丰富产业集群的领域研究，并为资源富集经济欠发达地区的资源型产业集群与经济较发达地区的制造业产业集群可持续发展、推进区域经济增长方式的转型升级、缩小区域差距、促进区域协调发展提供了指导意见。

第四节　本章小结

本章围绕主要研究内容从产业集群特征、产业集群影响因素、产业集群与经济增长的关系、产业集群转型升级等方面对国内外相关文献进行梳理，在此基础上对已有研究成果给予总结述评，并提出本书的研究切入点。

第三章 概念界定与理论回顾

第一节 相关概念及研究范围界定

一、资源型产业与制造业的界定

本书从行业特征角度出发，将工业细分为资源型产业与非资源型制造业（以下简称制造业），并进一步将制造业细分为高端制造业与传统制造业。

1. 资源型产业的界定

资源型产业是指以开发利用能源资源和矿产资源为主要基础原料和依托的产业，涉及能源矿产资源开采与初级加工制造行业。按照中国国民经济统计口径，根据《国民经济行业分类》（GB/T 4754—2011）二位码分类标准①，将资源型产

---

① 由于本书数据多来自历年的《中国工业经济统计年鉴》，该年鉴提供的按地区分行业数据仅细化到两位数产业，因此本书对资源型产业集群、传统制造业集群、高端制造业集群的研究主要采用两位数产业。

业界定为包括采矿业，电力、热力、燃气及水生产和供应业以及资源型制造业等13个细分行业，具体为煤炭开采和洗选业，石油和天然气开采业，黑色金属矿采选业，有色金属矿采选业，非金属矿采选业，石油加工、炼焦和核燃料加工业，非金属矿物制造业，黑色金属冶炼及压延加工业，有色金属冶炼及压延加工业，金属制品业，电力、热力生产和供应业，燃气生产和供应业，水的生产和供应业。

2. 制造业的界定

本书的研究对象"制造业"指的是剔除资源型制造业以外的非资源型制造业，并进一步将非资源型制造业细分为高端制造业和传统制造业。高端制造业与传统制造业的具体区分标准主要以技术为参照，以现代高端技术为支撑的制造业属于高端制造业，而依然使用旧有制造技术的则属于传统制造业。

（1）高端制造业的界定。目前，学术界对于高端制造业的界定尚未得出统一的结论，也没有明确的统计分类标准。从行业角度来看，高端制造业是指处于行业技术前沿的新型制造业，其通常具有科技含量高、核心竞争力强和产品附加值高等特点；从整个产业链的角度来看，高端制造业通常指处于产业链高端技术环节的制造行业。借鉴国务院发展研究中心国际技术经济研究所"创新绩效评价体系研究"课题组对中国制造业按照技术密集度分类的研究成果，以《国民经济行业分类》（GB/T 4754—2011）为基础，根据其二位码分类标准，本书将高端制造业界定为化学原料和化学制品制造业，医药制造业，化学纤维制造业，通用设备制造业，专用设备制造业，汽车制造业，铁路、船舶、航空航天和其他运输设备制造业，电气机械和器材制造业，计算机、通信和其他电子设备制造业，仪器仪表制造业10个行业。由于2012年以前对中国工业行业分类的划分标准采用《国民经济行业分类》（GB/T 4754—2002）版本，为统一口径，本书将汽车制造业与铁路、船舶、航空航天和其他运输设备制造业合并为交通运输设备制造业。因此，本书最终确定高端制造业为化学原料和化学制品制造业，医药制造业，化学纤维制造业，通用设备制造业，专用设备制造业，交通运输设备制造业，电气机械和器材制造业，计算机、通信和其他电子设备制造业，仪器仪表制造业9个细分行业。

（2）传统制造业的界定。本书将传统制造业界定为非资源型制造业中除去高端制造业的行业，根据《国民经济行业分类》（GB/T 4754—2011）二位码分类标准，并考虑数据可得性，将传统制造业确定为农副食品加工业，食品制造业，酒、饮料和精制茶制造业，烟草制品业，纺织业，纺织服装、服饰业，造纸和纸制品业7个细分行业。资源型产业、高端制造业、传统制造业细分行业汇总如表3-1所示。

表3-1 资源型产业、高端制造业、传统制造业细分行业汇总

序号	资源型产业	高端制造业	传统制造业
1	煤炭开采和洗选业	化学原料和化学制品制造业	农副食品加工业
2	石油和天然气开采业	医药制造业	食品制造业
3	黑色金属矿采选业	化学纤维制造业	酒、饮料和精制茶制造业
4	有色金属矿采选业	通用设备制造业	烟草制品业
5	非金属矿采选业	专用设备制造业	纺织业
6	石油加工、炼焦和核燃料加工业	交通运输设备制造业	纺织服装、服饰业
7	非金属矿物制造业	电气机械和器材制造业	造纸和纸制品业
8	黑色金属冶炼和压延加工业	计算机、通信和其他电子设备制造业	
9	有色金属冶炼和压延加工业	仪器仪表制造业	
10	金属制品业		
11	电力、热力生产和供应业		
12	燃气生产和供应业		
13	水的生产和供应业		
合计	13个细分行业	9个细分行业	7个细分行业
总计	29个细分行业		

资料来源：笔者整理。

二、产业集群

在产业集群的形成过程中，由于不同产业集群间地域、所在地区经济发展水平及产业技术特征之间的差异性，使得不同产业集群在形成和发展过程中呈现出不同的表现形式，其发展特征、经济行为、产业空间结构等方面都将有所差异，因此，很难对"产业集群"这一概念进行全面、完整的界定（高洪深，2002）。作为一种重要的经济现象，围绕"产业集群"的研究已经成为当前经济研究的热点，在经济地理学、区域经济学、社会学、产业经济学等多种学科的相关研究中引发了高度关注，并以所在学科的相关研究为背景，从各学科自身的角度对产业集群进行了系统的阐述（马歇尔，1997；薛玉森，2002）。

早在19世纪末，经济学家马歇尔就已经发现并开始关注产业集群现象，并在其经济学著作《经济学原理》中提出了"产业区"的概念，其所指产业区即专业化产业集聚形成的特定区域。在马歇尔的理论研究基础上，经济学家巴卡蒂尼（Becattini）随后提出了"新产业区"的概念，即一定的社会区域，在该区域内，一些专业化的中小企业高度聚集，企业间既有广泛的密切合作，又有激烈的竞争，并普遍存在各种正式和非正式的联系。经济学家迈克尔·波特在其经济学著作《国家竞争优势》中第一次提出了产业集群（Industrial Clusters）的概念，但只是将其作为一个分析要素，并没有给出确切、清晰的定义（迈克尔·波特，2002；波特和哈默，2000）。在此之后，迈克尔·波特于1998年在《哈佛商业评论》上发表了《产业集群与新竞争经济学》一文，首次对产业集群的概念进行了系统阐释，即产业集群是指某一特定领域中，在地理位置上集中且相互联系的公司和机构的集合，并以彼此共通性和互补性相联结（薛玉森，2002；李新春，2000）。

此后，许多学者对产业集群的概念进行了概括。法雷尔和库若奇认为，产业集群是存在相互关联的企业或相关机构在某一特定领域内构成的一个群体，在这些企业和机构间广泛存在着共同性和互补性（马建会，2009）。徐康宁和陈奇（2003）通过对产业集群理论的研究提出：产业集群的出现代表了一种产业的成长现象，其表现为相同的产业高度集中于某一地区，进而形成集群。经济合作与发展组织的集群分析和集群政策专门研究小组（The OECD Focus on Cluster Analysis and Cluster-Based Policy）也提出了对产业集群的理解和定义，即产业集群中的专业供应商、生产机构、顾客以及中介组织等共同组成了一个生产网络，也就是说，产业集群是一种集中、高效的生产网络（陈柳钦，2007）。

在区域经济的研究发展过程中，逐渐形成了多种区域经济学研究学派，其中，以欧洲创新环境研究小组（GREMI）为代表的研究机构和学者提出了"创新环境"（Innovation Milieu）的概念，其强调了产业区域内创新主体由于创新行为的协同作用，进而提高了产业区内的集体效率（李丹，2009；蔡绍洪，2010）。此外，其他学派的学者提出了"创新集群"概念，即在某一产业中，一些相互之间存在紧密联系的企业在相同的市场条件下，通过供给链形成和开展一些高层次的协作（曾忠禄，1996）。

我国对产业集群的研究起步较晚，20世纪末，国内的一些学者在研究和总结了大量国外关于产业集群的研究理论后，逐步开展了产业集群的相关研究，并取得了丰硕的成果。我国一些经济学家在对产业集群进行了大量的研究后，提出了自己的观点，其中，曾忠禄（1996）认为产业集群是指相同产业及相关、支持产业在地域空间上的集中。王缉慈（2001）对产业集群现象进行了深入分析，指出产业集群就是一些在地理上邻近、产业上相关联的机构和企业，通过开展大量合作实现技术创新，进而形成规模经济，降低自身和所在区域的产业成本。但是，在一定区域内，产业集群内企业通过学习合作、技术交流而促进技术创新的现象并不是绝对的。

通过梳理国内外关于产业集群的文献可以看出，对于产业集群这一概念的内涵目前还没有形成统一的、明确的定义。通过分析前人的研究成果可以发现，产业集群的含义大致包括三方面的内容：①产业集群的经济活动主要集中在一定的区域范围内，形成空间上的集聚，同时，集群内形成了专业化的分工和协作（吴向鹏，2003；中国工商银行江苏省分行课题组，2006）；②产业集群是一个依赖于特定社会关系的增值网络，某一产业投入—产出—流通等环节的相关行为主体的价值都被包含在该网络中；③产业集群是一种先进的、高效的经济组织形式，其介于市场和等级制之间，先进的技术和专业知识信息能够在集群内高效、充分和快速地得到共享，提高产业效率。

三、产业集聚

集聚通常是指在一定时期内，相互之间存在密切经济活动的群体、组织和企业聚集在某个区域内，并共享区域内的市场、资源、交通和其他相关基础设施（徐文华，2009；易秋平和刘友金，2011；何青松，2007）。集聚以其自身的优势，不仅会形成一个广大的内部市场，而且对外部的市场也会形成较强的影响，并逐步形成外部经济效应，使集聚内部的技术水平迅速提高，劳动力供给更加丰富，产业竞争力不断增强。

产业集聚是集聚的一种表现方式，是指一些经营相同产业的企业在一定地理空间上的集中。产业集聚是产业在发展过程中所表现出的一种经济活动现象，主要表现为某一产业内或者相关产业间的一些企业和组织为满足自身发展的需要，逐渐向特定的地理空间集中的动态过程，并且随着集中程度的不断加剧，会形成一个或多个产业集群，那些在集群内部相互关联的企业会形成一种结构完整、体系健全、机动灵活的有机整体。

综上所述，产业集聚实质上是产业集群形成过程中的一种阶段性的动态过程，是产业集群的一种前期形态，同时也是一定区域内企业间在由无序竞争向有序竞争转变过程中的一种组织发展形式。也就是说，在一定区域内的经济发展过程中，产业集聚担任着发展过程或发展手段的角色，而产业集群则是产业集聚不断发展所产生的结果。

第二节 理论回顾

一、外部规模经济理论

新古典经济学的代表人物马歇尔（Marshall，1920）对产业集聚现象进行了大量的、系统的研究，是世界经济史上首位对产业集聚进行理论研究的经济学家。他分别从规模经济和外部经济两个角度对产业集聚进行研究，最后得出结论，产业集聚的产生和形成是具有产业关联性的企业追求基础设施、劳动力市场等外部规模经济共享的结果。

在《经济学原理》一书中，马歇尔将规模经济划分为内部规模经济和外部规模经济两类。内部规模经济是指由个别企业占据的资源、组织经营和生产运营效率而形成的规模经济，它取决于单个企业的发展。外部规模经济是指一些产业相关的企业在特定的区域内由于产业地区性集中而聚集发展，引起该区域内企业运行成本整体下降。马歇尔站在新古典经济学的角度，通过对工业组织进行系统研究，证明了产业集聚现象与集聚区域形成的外部规模经济联系紧密，同时也间接证明了产业集聚是由外部规模经济导致的，是企业为追求外部规模经济，进而形成产业在一定区域内的集聚。企业内部经济规模的发展和扩大是企业自身发展的目标和追求，这一点比较容易被人们认识。但企业外部规模经济同样重要，当企业在特定区域内集中持续发展、产业持续增长、外部规模经济迅速发展时，就会对区域内其他产业的发展起到强有力的带动作用，促进集聚区域内服务行业、专业化劳动力市场和相关附属产业的发展。

马歇尔认为，集聚区内的企业利用地理和产业上的接近性，使那些依靠自身力量无法获得内部规模经济的企业可以通过外部合作的方式来获得规模经济，并借助外部规模经济使生产成本处于或者接近最低状态，实现企业自身的发展。外部范围经济可以使集聚区内的企业通过垂直关联实现与客户和供应商之间的业务沟通，同时还可以通过水平关联的方式间接控制二级生产单位的产品质量。

通过对集聚经济的理论研究分析，马歇尔认为有三种影响因素决定了产业集聚的正外部性，即技术外溢、劳动力市场共享和中间产品投入（Ciccone and Hall，1996）。

二、工业区位理论

德国经济学家阿尔弗雷德·韦伯（Alfred Weber），是近代工业化区位理论的创始人，其在1909年出版的《工业区位论》中运用抽象和演绎的方法系统地解释和构建了工业活动空间分布的理论体系，首次提出了工业区位理论，在区位理论发展史上具有十分重要的地位。

阿尔弗雷德·韦伯认为，影响工业区位的经济因素包括区域因素和位置因素，而在区域因素中起主要作用的是运输成本和劳动成本，在位置因素中起主要作用的是集聚因素和分散因素。

阿尔弗雷德·韦伯认为，在集聚的高级阶段，企业会为追求集聚带来的成本节约而自发地形成集聚，在这个过程中有四个因素会促使企业朝该方向发展，它们分别是生产的专业化、劳动力的专业化、专业市场的扩展和基础设施共享。首先，技术设备的不断创新和进步会推动企业生产过程朝着更加专业化的方向发展，随着企业生产专业化程度的不断加深，会更加需要集聚所带来的各项有利于专业化发展的好处，进而更加需要工业的集聚。其次，生产的专业化需要劳动力的专业化，即劳动力的高度专业化分工，形成灵活、完善的专业化劳动力组织，这种专业化的劳动力组织会促进集聚的发生和发展。再次，企业在实现和完善生产专业化的过程中会推动企业集聚的发展，同时也间接地推动了专业化市场的形成和发展，企业通过专业化的市场使自身的购买成本降低，专业化市场的发展进而会促进企业的进一步集聚。最后，集聚使企业集中化，并实现基础设施的共享，通过基础设施的共享大大降低了单个企业的一般经常性开支成本，成本的降低会吸引更多的企业加入，进一步推动企业集中化，进而推动集聚的发展。在上述四个因素的共同作用下，集聚区内的企业在提高生产效率的同时又降低了成本，进而实现了近似于马歇尔在集聚理论研究中所提出的"外部规模经济"，推动产业集聚的自发形成。

韦伯在分析产业集群集聚因素的同时，也分析了促使产业集群分散的因素，认为分散因素即集聚因素的相反倾向，包括人力资本流动、知识和技术的扩散、创新溢出和公共基础设施方面成本上升等。首先，人力资本的流动带动了集聚区内企业间知识与技术的扩散和创新溢出，但这也使企业留住人力资本变得越来越困难，对所在公司的不满或者其他企业更加优厚的薪酬和待遇很容易造成企业人力资本的流失，直接或间接地使一些企业选择远离集聚区来减少人力资本的流失。其次，集聚区内的企业通过开展业务合作和技术交流等方式，使知识和技术在集聚区内扩散、创新溢出，推动了集聚区内企业整体生产技术的提高，但对于一些企业通过花费大量人力、物力、财力才获得的知识技术创新成果，很容易在集聚区内通过正式或非正式的交流被其他企业获得，并很快复制或加以改进，使企业失去了创新优势，进而造成企业的创新激励弱化，不利于集聚的发展。最后，随着集聚规模的不断扩大，在一定地理区域内的企业越来越多，会造成区域内土地、房屋等基础设施的价格上涨，造成企业运营成本上升，导致一些企业退出集群。阿尔弗雷德·韦伯认为，正是集聚与分散因素的共同作用，使单位产品成本节约得以实现，集聚规模的不同会产生相对应的不同的节约函数，而在企业集聚和集中化过程中每一阶段的节约函数构成了集聚经济函数。当集聚发展到一定阶段时，那些推动集聚发展的要素对集聚区内经济增长的作用越来越小，而企业集中化所带来的地租、房租等基础设施的价格上涨会越来越多，因此，集聚经济函数曲线将表现为"半边抛物线"，斜率越来越小，经济增长速度越来越慢，逐渐趋于最大值（Coelli，1996）。

三、产业集聚最佳规模理论

20 世纪中叶，美国经济学家胡佛（Hoover）对产业集聚现象进行大量研究，并于 1948 年出版了《经济活动的区位》一书，指出产业集聚区域内的企业过多或过少都不能发挥出产业集聚所引起的最佳整体效应，产业集聚存在一个最佳规模。胡佛在对产业集聚和区域经济增长的相互关系进行研究后认为，区域经济增长具有自我强化的机制，主要体现在两个方面，分别是产业结构的复杂关系和空间结构的区位选择关系，即集聚区域内各产业间复杂的相互联系与影响。胡佛认为，企业通过产业集聚而形成的外部规模经济会吸引同类产业相关企业的加入，形成并强化了集聚经济，推动整个区域经济的发展。

四、增长极理论

法国经济学家佩鲁（Perrour）首次提出了增长极的概念，他认为经济增长不是依靠各部门均衡、平齐式的发展来实现的，而是取决于一些具有强劲增长力的推动型单位，这种推动型的单位通常规模巨大，并与其他部门间联系十分紧密，能够将经济的增长扩散到其他部门。在此之后，赫希曼（Hirschman）、布代维尔（Boudeville）、缪尔达尔（Myrdal）、弗里德曼（Friedman）等基于区域层面对佩鲁的增长极理论做了进一步的深化研究和拓展，进而对中心外围结构的形成和发展进行了系统的解释。综合上述经济学家的研究理论，增长极的概念包括两层含义，分别是在空间维度上产生集聚的增长中心和产业维度上的推动型部门。

佩鲁认为，增长极无论在技术方面还是在经济方面都会表现出相对较大的先进性和优势，通过与周围地区间要素的流动和商品的供求对周围地区的经济发挥支配和主导作用，使周围地区经济发展以增长极作为风向标，并会随着增长极的变化发生相应的变动。佩鲁认为，作为增长极的特定企业所发挥出的支配作用有利于整体经济的发展，这种企业生产和管理效率高、创新能力强，能够有效地通过创新增加产出和收益，进而形成规模经济，同时又会刺激自身不断创新，是经济发展的积极因素。佩鲁主张对这些具有支配性的企业进行投资，既可以增加产出，又可以扩大有效需求，开辟新的产品市场。支配型企业通过创新实现经济增长，增长又会进一步推动创新，在这种叠加作用下，其经济效益不断提高，最终会通过关联效应和乘数效应带动社会的发展。布代维尔认为，增长极是一种推动型的产业，将其嵌入某一地区后，会对周边经济产生影响，形成增长中心所带动的集聚经济，推动整个区域经济的发展（Dixit，1977）。

五、传统国际贸易理论

1. 大卫·李嘉图的比较优势理论

在古典贸易理论体系中，以大卫·李嘉图为代表的经济学家认为比较优势是地域分工的基础。《政治经济学及赋税原理》是大卫·李嘉图在古典贸易理论研究领域的代表作，书中他提出了比较优势理论。根据比较优势理论的论述，生产技术的相对差别会造成相对成本的差异，这正是国际贸易的基础。每个国家都会尽力发挥自身优势、规避自身劣势，集中生产比较优势的产品，在国际贸易中出口比较优势的产品，进口比较劣势的产品，通过比较优势获得贸易利益。比较优势贸易理论解释了贸易产生的基础，更加普遍地解释了贸易利得的原理，进而发展和开拓了绝对优势理论。

2. 赫克歇尔、俄林的要素禀赋理论

经济学家赫克歇尔和俄林通过古典贸易理论的研究，提出了要素禀赋理论，在单一劳动要素的基础上引入了资本要素，假设国家间的技术水平、偏好相同，但是要素禀赋不同，生产要素在国家间不能流动。假定贸易自由化，那么每个国家都专业化生产禀赋相对丰裕的商品。要素禀赋理论的提出，在一定程度上对国际贸易的形成和发展做出了较为系统的解释，并在很长一段时间内得到了国际上的广泛认可，几乎成为国际贸易理论的代名词。但是，通过国际贸易的发展和对国际贸易理论研究的不断深入，以要素禀赋为基础的比较优势理论具有其局限性，它虽然能够解释产业间的分工和贸易，但对第二次世界大战以后出现的产业内分工和贸易的蓬勃发展并不适用（张浩然，2012）。

六、竞争优势理论

波特（2002）从企业竞争优势的角度对德国、法国、英国、日本、美国等国家的产业集聚现象进行了详细的研究和理论分析，提出了产业群的概念，并通过建立"钻石"模型对产业集聚和产业群进行理论分析。波特认为，一些地理区域内所形成的具有很强竞争力的产业集群是产业发展的关键，而产业间的竞争是国家获得竞争优势的关键，产业集群健康发展的同时会推动企业的创新，形成一种创新环境，提高企业的创新机会。波特还从企业创新能力的角度对产业集聚进行了分析和探讨，他整个理论分析过程包括需求状况、竞争战略、要素条件和产业群。波特研究发现，创新对企业取得竞争优势起着非常重要的促进作用，因此，在他所建立的钻石模型中，产品或者工艺技术的创新是企业获得及保持市场份额进而取得竞争优势的关键和核心推动力。产业群会促进区域内的创新和竞争，根据波特的理论，产业群主要在三个方面对企业间的竞争产生影响。第一，产业群会推动所在领域内企业生产力的发展和提高，从而促进了企业间竞争；第二，加快企业的创新，提高生产效率，降低生产成本，为生产力的提高创造条件，并打下坚实的基础；第三，吸引外部企业加入，同时鼓励新企业的成立，进一步扩大产业群的规模，进而影响竞争。波特认为，新的产业集群最好是诞生或萌芽于现有的集群中，政府不应过多干预，不能直接创造一个全新的产业集群出来。

七、规模报酬递增理论

近年来兴起的新经济地理学派，主要代表人物包括克鲁格曼（Krugman）、藤田昌久（Masahisa Fujita）、维纳布尔斯（Venables）、蒂斯（Thisse）等。与以往不同，该理论从全新的角度对产业集聚现象及集聚经济的形成和发展进行了研究，并建立了对产业集聚经济所普遍适用的理论分析框架，对企业递增报酬和运输成本方面的权衡问题进行了深入分析，对企业集聚现象做出了经济学的解释。

根据新经济地理学的论述，产业集聚形成和发展的主要原因和推动力包括三个方面的因素，分别是市场需求、外部经济及产业发展的地方化和专业化。第一，市场需求是企业生产的动力，生产企业通常会选在需求旺盛、交通便利的地方进行生产，不仅可以付出较低的运输成本，而且可以通过规模经济的形成实现更大的收益，而规模经济潜力越大、运输成本越低会反过来促进产业集群的形成、发展和壮大。第二，产业集群内的企业可以实现劳动力共享、获得优质的专业化服务和加快知识信息的流动，使其具有外部经济的特征。集群内劳动力市场共享促使大量具有专业知识的人才汇聚到所在区域内，为集群内的企业创造出良好的人力资源环境，使企业可以更方便、更快地满足自身的人力需求，同时也为劳动者创造了更多的就业选择。优质的专业化服务和企业间知识信息的自由流动会提高集群内企业的生产、管理效率，降低生产成本，加强、加快产品的研发和创新，同时也会吸引更多的企业加入进来，促进企业在该区域的进一步集中。第三，产业的地方化和专业化使企业集群因循环累积效应而不断得到加强。

八、产业集群生命周期理论

最初，生命周期仅仅属于生物学范畴的概念，表示一个有机体从出生、成长、成熟直至衰亡的整个过程。后来，生命周期的概念逐渐被引入和拓展至企业、产业发展等经济社会发展方面，并逐渐演变成为重要的理论研究方法，其最主要的特征就是将所研究对象的发展过程划分为从产生到衰亡的不同阶段，进而针对不同阶段对研究对象加以分析。生命周期理论同样可以引入经济发展理论和管理理论的研究。20世纪50年代，美国经济学家波兹和汉密尔顿在《新产品管理》一书中首次提出了产品生命周期的概念，随后，弗农、阿伯纳西和阿特伯克等进一步完善了产品生命周期理论，使其得到了较快的发展。20世纪70年代初，美国学者Greniner将生命周期的概念引入企业组织的发展演化过程。20世纪80年代末，美国管理学家伊查克·艾迪斯通过对大量企业发展过程的分析和研究，首次提出了企业生命周期的概念，将企业的发展过程划分为不同的阶段，并针对不同阶段企业可能遇到的问题提出了相应的应对措施和策略。再后来，生命周期的概念被一些专家和学者进一步引入产业发展的理论研究。根据产业周期理论，产业的发展同样具有生命周期，如达尔文所阐述的自然界优胜劣汰的法则，产业的发展也同样遵循适者生存的发展逻辑。例如，一些朝阳产业由于自身的发展潜力和强大的竞争力，将会迎来较好的发展前景，并快速发展壮大，而那些已不能适应时代发展、技术陈旧的产业将会面临着逐渐衰败的局面。企业在生存和发展过程中会受到多种内部和外部因素的影响，如果企业能够很好地利用这些影响因素，做出适当的调整，企业将会进一步得到发展，其生命周期也将得以延长；反之，企业的发展很可能处于艰难的境地，甚至无法保证自身的生存（郎付山，2011）。

产业集群生命周期是指产业集群从形成到衰亡的发展全过程。1998年，奥地利经济学家蒂奇（Tichy）在弗农的产品生命周期理论的基础上，对产业集群的生命周期进行了分析，他将产业集群的生命周期划分为四个阶段，即诞生阶段、成长阶段、成熟阶段和衰退阶段。产业集群的诞生阶段，在集群内还尚未形成较为统一的、标准的产品生产过程和模式，集群内的企业通过集群内的资源共享、专业的分工协作、便捷的信息网络等产业集群自身特点，快速发展，并逐渐形成聚集经济，获得竞争优势；产业集群的成长阶段，集群得到迅速发展和完善，集群内资源集中，产生集聚效应；产业集群的成熟阶段，集群内的企业产品生产和企业的经营管理基本形成了统一的、标准化的模式，但是这一阶段集群内的企业的产品和技术创新更加困难，产品雷同现象较为普遍，同时激烈的、趋于白热化的竞争使企业的利润下降，存在"过度竞争"的威胁；产业集群的衰退阶段，集群内的许多企业将会由于激烈的竞争导致利润下降而选择退出集群，产业集群的生命力逐渐丧失，创新能力和灵活应对市场变化的能力丧失就是产业集群走向衰退最重要的标志（赵丹，2014）。

根据产业集群生命周期理论的论述，结合产业集群自身的发展特征，在其诞生和成长阶段，由于集聚效应的作用，将会逐渐形成一种"聚集经济"，从而获得竞争优势，但这种优势在成熟期就会开始减弱，在衰退期消失。因此，根据产业集群生命周期理论，并不是所有集群都能长期保持竞争力和竞争优势，在产业集群发展过程中所面临的各种内部和外部问题很可能会使其逐渐丧失竞争地位，并走向衰败，这也是我们要研究产业集群转型升级的原因。

尽管产品、企业、产业、产业集群各自的生命周期都要经历相似的四个发展阶段，但是各周期的长短不同，一般来讲，其生命周期由小到大依次是产品生命周期、企业生命周期、产业生命周期和产业集群生命周期，产品生命周期、企业生命周期和产业生命周期共同影响集群的生命周期。集群内主导产品、集群内的核心主导产业、集群内的主导企业对产业集群的生命周期影响相对更大。集群内主导产品的生命周期可能对集群生命周期造成影响，集群内的企业完全可以通过开发其他替代产品来延长集群的生命周期。集群内核心企业的生命周期对集群生命周期的影响远比一般企业的生命周期要大。在一定程度上，产业集群的生命周期取决于主导产业的生命周期，主导产业的生命周期取决于龙头企业的生命周期，龙头企业的生命周期取决于主产品的生命周期，主产品的生命周期取决于技术自主创新的生命周期（张明龙和官仲章，2008）。此外，集群生命周期还将受到集群自身因素的影响，即相同产业的不同集群的生命周期完全有可能不同。

九、全球价值链理论

波特在《国家竞争优势》一书中首次提出了全球价值链理论。产业集群的转型升级可以通过将产业嵌入全球价值链，借助全球价值链中丰富的、优质的资源帮助产业集群顺利实现转型和升级（刘向舒，2011）。格雷菲（Gereffi，2005）认为，生产者驱动和购买者驱动是全球价值链条形成和发展驱动力的两种主要形式。生产者驱动是通过生产者投资来推动市场需求的，形成本地生产供应链的垂直分工体系。购买者驱动是指一些大型的国际采购商，利用其强大的品牌优势和庞大的销售网络，针对不同国家的目标市场进行产品的生产、设计和销售（于潇和毛雅萍，2014）。格雷菲等经济学家提出了四种产业集群的升级模式，分别是流程升级、产品升级、功能升级和价值链升级。嵌入国际价值链中的产业要根据其不同的驱动机制而遵循该驱动模式下的升级规则，只有这样才能提升自身的价值增值能力。

1. 生产者驱动型全球价值链中产业集群的升级路径

嵌入生产者驱动型全球价值链的产业集群应将升级和转型的重心主要集中在生产环节，这种驱动方式的价值链的价值增值主要发生在生产领域，要积极嵌入国际价值链中先进的、核心的工艺环节，向高附加值的生产工艺攀升，逐步剥离增值能力相对较弱的流通环节，从高附加值增值的角度出发，按照图 3-1 所示的流程进行升级，即功能升级→产品升级→工艺流程升级→价值链条升级。功能升级在整个升级流程中相对来说比较容易实现，而在功能升级之后的产品升级和工艺流程升级过程非常艰难，产品升级主要依靠企业自身的研发创新、新技术和先进工艺设备的引进、新设计方案的制定，而在此过程中要花费大量的资金来推动各项工作的进行。工艺流程的升级会大量涉及全球价值链中某些主导企业所具有的、技术领先的、受到严格保护的隐秘性知识技术，这些技术大多以自主知识产权的形式受到保护，是企业实现某些领域的垄断、产品高附加值和高额利润的保障，所以，要获得这些关键性的知识技术非常困难。链条升级方面的主要困难源于其升级后所在领域的不确定性。

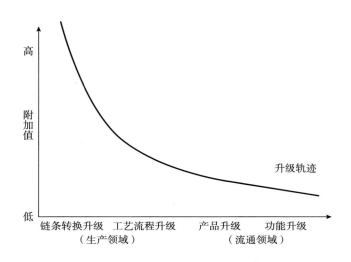

图 3-1 生产者驱动型全球价值链升级路径

资料来源：笔者自绘。

2. 购买者驱动型全球价值链中产业集群的升级路径

与生产者驱动型全球价值链相反，流通环节是购买者驱动型价值链价值增值的主要环节。嵌入购买者驱动型全球价值链的产业应将发展和转型升级的重心放在市场营销和品牌运作上，这两个环节是该类型价值链中价值增值最大的环节。嵌入全球价值链的该产业集群的转型升级仍然要从获得高附加值增值的角度出发，如图 3-2 所示，转型升级要逐步向流通环节嵌入和攀升，并逐渐脱离增值能力相对较弱的生产领域，即价值链条升级→工艺流程升级→产品升级→功能升级。由于这种驱动模式价值链中生产领域附加值低和生产技术的低门槛，使该价值链中的产业集群实现工艺流程升级和产品升级相对来说更加容易，而实现产品的功能升级则变得比较困难。随着产业集群转型升级的不断深入，集群中的企业会逐渐脱离产品的生产环节，进入产品的流通环节，实现有形资产向无形资产为主的转变，克服产品功能升级的困难，使购买者驱动型全球价值链上产业集群转型升级发生质的变化，为其最终价值链条的转化升级打下坚实的基础。因此，链条升级方面的主要困难同样源于转型升级后所在领域的不确定性。

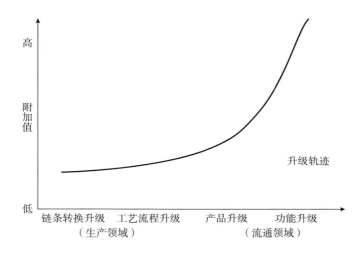

图 3-2　购买者驱动型全球价值链升级路径

资料来源：笔者自绘。

生产者驱动型和购买者驱动型全球价值链比较如表 3-2 所示。

表 3-2　生产者驱动型和购买者驱动型全球价值链比较

项目	生产者驱动的价值链	购买者驱动的价值链
动力根源	产业资本	商业资本
核心能力	研究与发展、生产能力	设计：市场营销
环节分离形式	海外直接投资	外包网络
进入门槛	规模经济	范围经济
产业分类	耐用消费品、中间商品、资本商品等	非耐用消费品
制造企业的业主	跨国企业，主要位于发达国家	地方企业，主要在发展中国家

续表

项目	生产者驱动的价值链	购买者驱动的价值链
主要产业联系	以投资为主线	以贸易为主线
主导产业结构	垂直一体化	水平一体化
辅助体系	相对于软件，硬件更重要	相对于硬件，软件更重要
典型产业部门	航空器、钢铁等	服装、鞋、玩具等
典型跨国公司	波音、丰田等	沃尔玛、耐克

资料来源：笔者整理。

第三节　本章小结

首先本章对资源型产业集群与制造业产业集群的基本概念进行了界定，并对研究范围给予了说明。其次本章对开展研究依据的相关经济学理论进行回顾。

第四章　资源型产业集群与制造业产业集群的集群特征异同分析

　　本章将对资源型产业集群与制造业产业集群的集群内涵及特点、集聚态势、空间布局和影响因素进行分析，以明确不同类型工业产业集群的集聚现状、集聚特征、驱动因素及作用机理。首先，对资源型产业集群与制造业产业集群的内涵与特点进行分析；其次，运用 EG 指数和区位熵指数从产业与地区两个视角对 2005~2019 年资源型产业、传统制造业、高端制造业的集聚程度、演进态势和空间布局进行分析；再次，在对产业集聚影响因素的相关理论进行梳理总结的基础上提出 6 个相关假说，在此基础上选取变量并设定回归模型，运用面板数据模型实证检验了比较优势、新经济地理、马歇尔外部性、区域产业政策和经济全球化等因素对资源型产业及制造业集聚的影响及作用机制；最后，结合实际情况，对不同类型产业集聚影响因素的差异做出合理的经济学解释，以期为后续研究资源型产业集群及制造业集群差异化的转型升级发展路径提供思路。

　　本章及第五章、第六章相关数据主要来源于历年《中国统计年鉴》《中国工业经济统计年鉴》《中国科技统计年鉴》《中国经济普查年鉴》，其中少数缺失的数据利用各省份统计年鉴、万得数据库及灰色预测法予以补齐。

第一节　资源型产业集群与制造业产业
集群的内涵与特点

一、资源型产业集群的内涵与特点

资源型产业集群是以资源作为集群内产业链、价值链最基本的生产要素，是资源型产业的特殊组织形式，是众多在空间地理位置上邻近、具有关联性的以开采加工利用自然资源为主导的企业、供应商与经销商以及相关配套机构等由于共性和互补性联结而成的、对经济社会发展起基础性先导作用的空间组织形式（赵虹等，2008）。资源型产业集群具有高度依赖自然资源、产业转移约束大、成长路径需要政府规划培育、产业链具有极强的延展性、生命周期特征明显等特点。

第一，资源型产业集群高度依赖自然资源，产业转移的约束大。资源型产业集群的发展离不开对自然资源的依赖，资源成本在其产品的成本构成中占比高，在相当大的程度上自然资源束缚了产业的转移，只能落地于具有资源优势的地区，根植性强。

第二，资源型产业集群的成长路径需要政府规划培育。一方面，由于资源型产业投资规模大、加工程度高、中间产品多的产业特点，企业依靠自身的力量很难完成，需要政府发挥优势帮助企业引进外部资源；另一方面，资源富集地区大多是经济欠发达地区，区域的后发优势需要政府介入在合理的范围内对经济进行干预，以优化资源配置、克服市场失灵、弥补市场机制的缺陷与不足。

第三，资源型产业集群的产业链具有极强的延展性，易于形成闭合循环系统。资源型产业的关联度较高，产业链具有极强的延展性，上游可以扩展到能源资源开采开发领域，下游可以延伸到化学制品、生物信息工程等产业，如果产业链能够得到充分延伸，则在链条上的每个环节都可形成大量产业集群，既避免了对资源原料的无节制开采，又可有效使用中间产品及副产品，形成闭合循环的系统。但目前我国大多资源型产业仅处在产业链上游的某一个或少数几个节点上，只进行资源型产品的生产，结构单一，产业链短，导致资源型产业集群的优势很难得到发挥。

第四，资源型产业集群的生命周期特征明显（张乾，2009）。资源本身的特性决定了资源型产业集群经济运行模式单一、产业结构低级、环境污染严重、可持续发展能力弱等特点。由于不可再生资源的产品存在生命周期，因此依赖于自然资源发展的资源型产业集群也具有鲜明的生命周期特征。我国资源型产业大多仅进行资源的开发，其生命周期非常短暂。决定资源型产业集群生命周期长短的因素包括资源储量的变化，集群内企业的技术进步，产业链吸纳新行业、新企业、新产品的空间以及集群转型升级时机的研判与把握等。

目前，中国的资源型产业集群企业大多仅存在简单的原材料供应关系，产业链短，资源型产业发展的专业性特点突出，多样性程度低，活力不足，集群企业间缺乏互补性，从而在长期发展中导致缺乏创新、效益递减。

二、制造业产业集群的内涵与特点

1. 传统制造业集群的内涵与特点

传统制造业集群是以传统产业为主导的众多相关企业及支持机构在特定区域内集中的经济组织形式。例如，温州的皮革、纺织服装、塑料制品、眼镜、印刷包装等产业集群是最具代表性的传统制造业集群类型。

（1）传统制造业集群以传统加工制造业为主导，具有可迁移性和可复制性。传统制造业集群多为以传统制造技术为核心的工业部门，多为劳动密集型产业，技术门槛低，劳动力成本占比较高，产业集群具有可迁移性和可复制性，自由落地比较容易。传统制造业集群的形成大多不受自然资源分布的影响，是由传统的工艺技术积淀和具有偶然性的企业家精神遵循市场机制、通过市场规律进行自我区位选择而形成的，政府发挥引导辅助作用。

（2）传统制造业集群企业规模小，产品同质化现象严重，集群内企业分工程度低。目前，中国传统制造业集群的竞争优势多建立在低成本的基础上。传统制造业集群内的企业大多规模小、实力弱、技术装备落后、现金流供给不足、缺乏专业的技术管理人才，缺乏进行技术创新的人力、物力资本条件支撑。产品的技术含量较低、同质化现象严重，在产品、广告、营销、品牌等各方面都存在过度模仿现象，使创新成果在短时间内达到饱和，既无法给创新企业带来利润，又导致集群内企业陷入恶性竞争，面临的市场风险较大。此外，传统制造业集群产业链短、集群内企业专业化分工程度低，集群内良好的创新合作机制尚未形成。

（3）传统制造业集群企业"模仿创新"较为普遍，但"自主创新"能力弱。中国部分传统制造业集群在一定程度上表现出创新活动较为活跃的特点，但以衍生性渐进模式的"模仿创新"为主，在特定技术领域以满足市场差异化的顾客需求而进行创新活动。这种创新活动基于特定的技术平台，与市场需求联系密切，但不是生产并推出新产品、新技术、新成果的表现，集群内企业的技术模仿动机仍大于自主创新动机，"自主创新"能力较弱。

2. 高端制造业集群的内涵与特点

高端制造业集群指众多具有横向、纵向关联的高端制造企业在某一特定领域集中，在政府及相关科技机构的支持与协同下以技术为核心集结成科技创新合作网络，集群的持续竞争优势依赖于科技领域的不断创新，并根植于当地的社会文化环境而形成的集群经济现象（王缉慈，2001）。同资源型产业集群与传统制造业集群相比，高端制造业集群是近年来新兴的级别层次较高的产业集群形式，对自然资源的依赖程度低、能耗低、知识技术密集、科技含量高、附加值高，具有高投入、高收益、高风险、自主创新网络广泛、自主创新能力强的特点。此外，虽然我国高端制造业属于较高的产业层次，但在全球价值链上仍处于低端位置。

（1）高端制造业集群的自主创新网络广泛，自主创新能力强。高端制造业集群的主体多以高新技术产业及企业为主，以知识为依托，以创新为基础，科技研发投入大且研究成果显著，多为知识技术密集型行业，集群内的企业多集中在高校、科研机构周围，与大学、研究机构等知识技术创新源的关系更为密切，政府出台的相关优惠政策及扶持措施是高端制造业集群形成发展的有力支撑，集群内高新技术企业、大学、科研机构、服务性机构等各部门主体之间相互合作，形成一个广泛的、良好的自主创新网络，自主创新能力强。网络内的人才、信息、技术、资金的流动更为频繁，进行正式与非正式的学习交流更为便捷，知识技术外溢效应更为显著，参与世界分工体系更为容易。例如，上海张江生物医药产业集群、广东珠江东岸的电子信息设备制造业产业集群均属于典型的高端制造业产业集群。

（2）高端制造业集群的技术创新风险较高。高端制造业集群具有高收益、高附加值、产业带动能力强的特征，但高新技术投入大、竞争激烈、创新产出成果具有滞后性、更新换代周期短等特点导致高端制造业的技术创新风险较高，因此，高端制造业产业的高风险也导致高端制造业集群较高的技术创新风险。

（3）高端制造业集群仍处于全球价值链低端。虽然我国高端制造业在产业层次上较高级，但无论是技术创新、配套服务的竞争力，还是产品、品牌的知名度方面，都与发达国家和部分发展中国家存在很大的差距，集群仍多位于全球产业链、价值链的低端，国际竞争力较弱，摆脱不了"中国制造"的阴影，无法实现"中国创造"。因此，高端制造业集群的发展要瞄准全球生产体系的高端，通过产业集群的转型升级，提高知识技术扩散能力，实现核心技术自主化、高端产品国产化、出口产品高附加值化。

三、资源型产业集群与制造业产业集群特点的异同分析

资源型产业集群具有高度依赖自然资源、产业转移约束大、成长路径需要政

府规划培育、产业链具有极强的延展性、生命周期特征明显等特点。与资源型产业集群相比,制造业产业集群受自然资源禀赋的依赖程度低,产业转移的成本低,政府在产业集群的形成过程中不占主导地位,而是起引导和辅助的作用,产业集群形成受市场机制、市场规律的影响较大。传统制造业集群以传统加工制造业为主导,多为劳动密集型产业,劳动力成本占比较高,产业集群具有可迁移性和可复制性,自由落地比较容易,集群内企业大多规模小、产品同质化现象严重、企业分工程度低,且集群内企业多善于"模仿创新","自主创新"能力较弱。高端制造业集群以知识为依托,以创新为基础,多为知识技术密集型产业,科技含量高、附加值高,具有高投入、高收益、高风险、自主创新网络广泛、自主创新能力强的特点,且产业关联性强、渗透性强、带动能力强。传统制造业集群与高端制造业集群作为制造业两种不同特征的集群类型,两者之间除了差异外还存在着许多共性与联系。传统制造业集群是高端制造业集群发展的基础,既为高端制造业集群的发展提供完备的辅助性工业基础设施和系统,又为其提供必需的资源、资本、人才、技术等外部环境条件;高端制造业集群是传统制造业集群的先导,传统制造业集群要不断吸收高端制造业集群的创新成果,自身才能实现可持续发展。

第二节 资源型产业集群与制造业产业
集群的集聚态势异同分析

本部分运用 EG 指数测度资源型产业集群、传统制造业集群和高端制造业集群的集聚程度,通过对资源型产业集群和制造业产业集群的集聚水平、集聚态势、变动趋势的特征性事实描述,试图从集聚水平的变化中寻找不同类型产业集群的集聚规模特征。

一、资源型产业集群与制造业产业集群集聚度的测算方法

衡量产业集群的集聚水平有多种方法，包括行业集中度指数（CRn）、空间基尼系数（Gini 系数）、赫芬达尔指数（H 指数）、哈莱-克依指数（HK 指数）、EG 指数、区位熵指数等。由于各指数分析问题的侧重点不同，本部分从产业视角出发，选取 EG 指数测算中国 31 个省份资源型产业、传统制造业、高端制造业各分行业的集聚程度（不包含香港、澳门、台湾数据）。

传统产业集聚度的测量通常不会考虑企业经济规模的差异，鉴于此，Ellison 和 Glaeser（1997）提出了一种新的度量产业集聚度的指标，即 EG 指数，产业集聚度能够跨产业、跨时间进行比较。假设某一经济体（国家或地区）的产业 i 内有 R 个企业，且该经济体被划分为 n 个地理区域，则产业 i 的集聚度（EG 指数）的计算公式为：

$$EG = \frac{G_i - (1 - \sum_{j=1}^{n} x_j^2) H_i}{(1 - \sum_{j=1}^{n} x_j^2)(1 - H_i)} \qquad (4-1)$$

$$G_i = \sum_{j=1}^{n} (x_j - s_{ij})^2 \qquad (4-2)$$

$$H_i = \sum_{k=1}^{R} z_k^2 \qquad (4-3)$$

其中，i、j、k 分别表示产业、区域、企业，x_j 为区域 j 所有行业总产值占全国所有行业总产值的比例，s_{ij} 为产业 i 在区域 j 的产值占该产业全国总产值的比例，z_k 为企业 k 的产值占产业 i 总产值的比例。G_i 是产业 i 的空间基尼系数，该系数越高（最大值为 1），表明产业 i 在地理上越集中。H_i 是产业 i 的赫芬达尔指数，它反映了企业规模的分布情况，该指数越高（最大值为 1）表明产业 i 的企业越集中，市场的垄断现象越严重。需要说明的是，由于资源型产业、传统制造

业、高端制造业企业的详细数据缺失，无法完全按照 Ellison 和 Glaeser 的方法来计算赫芬达尔指数，为此，我们对现实世界做了如下假设：对于每个区域 j，产业 i 内的所有企业具有相同的规模，即工业总产值等。虽然这样假设后所确定的赫芬达尔指数不可能像 Ellison 和 Glaeser 的方法那样精确，但这并不妨碍对产业集聚度的评估和比较。

按照 Ellison 和 Glaeser 对产业集聚度的划分标准，可将行业分为三类：第一类是 EG 指数≥0.05 的高集聚度行业，表示该行业在地区上的分布聚集程度最高；第二类是 0.02≤EG 指数<0.05 的中集聚度行业，表示该行业在区域上的分布较平均；第三类是 EG 指数<0.02 的低集聚度行业，表示该行业没有明显的地方化现象（于潇和毛雅萍，2014）。

二、资源型产业集群与制造业产业集群的集聚态势分析

根据 EG 指数的计算公式，计算出中国 2005～2019 年 13 个资源型产业、7 个传统制造业、9 个高端制造业的集聚度，分析资源型产业与制造业的集聚态势，结果如表 4-1 所示。

第一，不同类型产业集聚程度存在差异，从平均值来看，高端制造业集聚度（0.0486）最高，但变化率（-1.25%）居中；资源型产业集聚度（0.0424）居中，变化率（-0.52%）最低；传统制造业集聚度（0.0291）最低，但变化率（-4.32%）最高。高端制造业、资源型产业及传统制造业均属于中集聚度产业。

如图 4-1 所示，2005～2019 年，高端制造业的集聚度由 2005 年的 0.0512 降至 2019 年的 0.0412，平均下降了 1.25%，集聚度均值为 0.0486，属于中集聚度产业；资源型产业的集聚度由 2005 年的 0.0468 降至 2019 年的 0.0419，平均下降了 0.52%，集聚度均值为 0.0424，低于高端制造业，属于中集聚度产业；传统制造业的集聚度由 2005 年的 0.0378 降至 2019 年的 0.0199，平均下降了 4.32%，在三种类型的产业中变化率最大，集聚度均值为 0.0291，低于高端制造

表4-1　2005～2019年资源型产业、传统制造业、高端制造业各行业EG指数

产业类型	行业名称	2005年	2006年	2007年	2008年	2009年	2010年	2011年	2012年	2013年	2014年	2015年	2016年	2017年	2018年	2019年	平均值	平均变化率（%）	集聚度
资源型产业	煤炭开采和洗选业	0.0949	0.0963	0.0949	0.0882	0.0832	0.0840	0.0899	0.0893	0.0900	0.0879	0.1138	0.1248	0.1417	0.1447	0.1603	0.1056	4.19	高
	石油和天然气开采业	0.0852	0.0823	0.0800	0.0803	0.0739	0.0807	0.0835	0.0660	0.0722	0.0652	0.0738	0.1052	0.0764	0.0789	0.0907	0.0796	1.73	高
	黑色金属矿采选业	0.0933	0.0959	0.0865	0.1001	0.0999	0.0968	0.1017	0.1143	0.1091	0.0964	0.0932	0.1087	0.0806	0.0624	0.0599	0.0933	-2.32	高
	有色金属矿采选业	0.0772	0.0697	0.0747	0.0732	0.0734	0.0736	0.0753	0.1252	0.0797	0.0880	0.0932	0.0920	0.0958	0.0792	0.0521	0.0815	-0.30	高
	非金属矿采选业	0.0364	0.0324	0.0310	0.0186	0.0188	0.0180	0.0209	0.0236	0.0234	0.0236	0.0248	0.0261	0.0404	0.0482	0.0424	0.0286	3.05	中
	石油加工、炼焦和核燃料加工业	0.0235	0.0229	0.0208	0.0211	0.0198	0.0168	0.0176	0.0213	0.0203	0.0218	0.0262	0.0343	0.0410	0.0415	0.0504	0.0266	6.46	中
	非金属矿物制品业	0.0131	0.0132	0.0146	0.0142	0.0142	0.0117	0.0131	0.0145	0.0145	0.0152	0.0140	0.0149	0.0162	0.0062	0.0081	0.0132	-0.43	低
	黑色金属冶炼和压延加工业	0.0294	0.0297	0.0286	0.0319	0.0331	0.0309	0.0311	0.0318	0.0281	0.0274	0.0286	0.0301	0.0281	0.0373	0.0345	0.0307	1.65	中
	有色金属冶炼和压延加工业	0.0117	0.0134	0.0140	0.0152	0.0142	0.0152	0.0186	0.0204	0.0188	0.0218	0.0236	0.0230	0.0209	0.0257	0.0205	0.0185	4.85	低
	金属制品业	0.0300	0.0302	0.0301	0.0256	0.0222	0.0211	0.0165	0.0144	0.0136	0.0125	0.0056	0.0052	0.0160	0.0054	0.0100	0.0172	5.97	低
	电力、热力生产和供应业	0.0025	0.0027	0.0032	0.0022	0.0023	0.0025	0.0029	0.0052	0.0045	0.0052	0.0056	0.0161	0.0140	0.0117	0.0054	0.0063	14.74	低
	燃气生产和供应业	0.0690	0.0330	0.0349	0.0296	0.0234	0.0285	0.0390	0.0098	0.0070	0.0077	0.0331	0.0249	0.0322	0.0089	0.0047	0.0257	6.88	中
	水的生产和供应业	0.0418	0.0460	0.0408	0.0374	0.0277	0.0245	0.0272	0.0182	0.0155	0.0135	0.0240	0.0221	0.0185	0.0108	0.0059	0.0249	-9.30	中
	平均值	0.0468	0.0437	0.0426	0.0413	0.0389	0.0388	0.0413	0.0426	0.0382	0.0374	0.0437	0.0483	0.0478	0.0431	0.0419	0.0424	-0.52	中
传统制造业	农副食品加工业	0.0446	0.0448	0.0421	0.0358	0.0344	0.0290	0.0258	0.0262	0.0253	0.0242	0.0198	0.0193	0.0211	0.0215	0.0181	0.0288	-5.90	中
	食品制造业	0.0150	0.0176	0.0206	0.0200	0.0203	0.0168	0.0159	0.0134	0.0133	0.0143	0.0187	0.0198	0.0238	0.0201	0.0179	0.0178	2.27	低
	酒、饮料和精制茶制造业	0.0102	0.0117	0.0124	0.0130	0.0147	0.0182	0.0218	0.0208	0.0235	0.0227	0.0325	0.0356	0.0365	0.0441	0.0280	0.0231	9.03	中
	烟草制品业	0.0545	0.0491	0.0469	0.0404	0.0425	0.0366	0.0386	0.0387	0.0311	0.0337	0.0530	0.0529	0.0454	0.0267	0.0295	0.0413	-2.18	中

续表

产业类型	行业名称	2005年	2006年	2007年	2008年	2009年	2010年	2011年	2012年	2013年	2014年	2015年	2016年	2017年	2018年	2019年	平均值	平均变化率（%）	集聚度
传统制造业	纺织业	0.0641	0.0648	0.0650	0.0620	0.0569	0.0507	0.0440	0.0495	0.0463	0.0446	0.0296	0.0264	0.0281	0.0273	0.0128	0.0448	-9.09	中
	纺织服装、服饰业	0.0501	0.0501	0.0477	0.0448	0.0393	0.0361	0.0311	0.0279	0.0278	0.0285	0.0205	0.0167	0.0162	0.0184	0.0154	0.0314	-7.55	中
	造纸和纸制品业	0.0261	0.0258	0.0250	0.0213	0.0197	0.0161	0.0148	0.0165	0.0142	0.0140	0.0082	0.0073	0.0099	0.0126	0.0176	0.0166	-0.49	低
	平均值	0.0378	0.0377	0.0371	0.0339	0.0325	0.0291	0.0274	0.0276	0.0260	0.0260	0.0260	0.0254	0.0258	0.0244	0.0199	0.0291	-4.32	中
高端制造业	化学原料和化学制品制造业	0.0173	0.0191	0.0193	0.0202	0.0237	0.0195	0.0195	0.0241	0.0240	0.0255	0.0120	0.0136	0.0106	0.0080	0.0093	0.0177	-1.77	低
	医药制造业	0.0077	0.0067	0.0085	0.0085	0.0088	0.0085	0.0102	0.0123	0.0128	0.0141	0.0075	0.0083	0.0082	0.0080	0.0098	0.0093	3.67	低
	化学纤维制造业	0.1613	0.1793	0.1699	0.1848	0.1871	0.1886	0.2004	0.2074	0.1998	0.1871	0.1710	0.1551	0.1449	0.1507	0.1658	0.1769	0.43	高
	通用设备制造业	0.0317	0.0311	0.0287	0.0280	0.0279	0.0255	0.0223	0.0200	0.0203	0.0197	0.0091	0.0089	0.0098	0.0150	0.0194	0.0212	-0.67	中
	专用设备制造业	0.0139	0.0123	0.0114	0.0119	0.0130	0.0130	0.0158	0.0181	0.0181	0.0183	0.0079	0.0082	0.0093	0.0101	0.0122	0.0129	1.54	低
	交通运输设备制造业	0.0155	0.0149	0.0139	0.0128	0.0123	0.0131	0.0135	0.0146	0.0144	0.0129	0.0135	0.0153	0.0148	0.0188	0.0182	0.0146	1.60	低
	电气机械和器材制造业	0.0400	0.0388	0.0375	0.0342	0.0292	0.0300	0.0327	0.0309	0.0299	0.0301	0.0197	0.0207	0.0207	0.0227	0.0329	0.0300	-0.07	中
	计算机、通信和其他电子设备制造业	0.1007	0.0937	0.0909	0.0978	0.0998	0.0997	0.0906	0.0813	0.0750	0.0718	0.0679	0.0693	0.0711	0.0693	0.0757	0.0836	-1.84	高
	仪器仪表制造业	0.0727	0.0625	0.0633	0.0858	0.0526	0.0550	0.0714	0.0965	0.1003	0.1027	0.0692	0.0763	0.0834	0.0459	0.0278	0.0710	-2.68	高
	平均值	0.0512	0.0510	0.0493	0.0538	0.0505	0.0503	0.0529	0.0561	0.0549	0.0536	0.0420	0.0417	0.0414	0.0387	0.0412	0.0486	-1.25	中

注：平均变化率的计算用公式为各行业期末值（2019年）减去行业期初值（2005年）再除以期初值的方法，期初值为纯考虑期末值，这是因为单纯考虑期末值、期初值而忽略了中间年份所发生的变化可能会导致变化的痕迹不够清晰。因此，将平均变化率定义为相隔年份的变化率之和的平均值，即（ $\sum\limits_{t=2005}^{2019} G_{t+1} - G_t$ ）/15，下同。

资料来源：笔者整理。

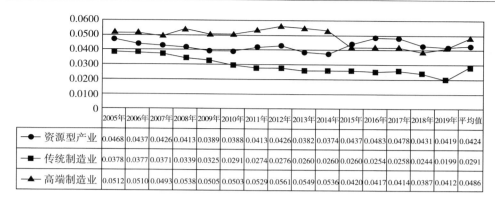

	2005年	2006年	2007年	2008年	2009年	2010年	2011年	2012年	2013年	2014年	2015年	2016年	2017年	2018年	2019年	平均值
●— 资源型产业	0.0468	0.0437	0.0426	0.0413	0.0389	0.0388	0.0413	0.0426	0.0382	0.0374	0.0437	0.0483	0.0478	0.0431	0.0419	0.0424
■— 传统制造业	0.0378	0.0377	0.0371	0.0339	0.0325	0.0291	0.0274	0.0276	0.0260	0.0260	0.0260	0.0254	0.0258	0.0244	0.0199	0.0291
▲— 高端制造业	0.0512	0.0510	0.0493	0.0538	0.0505	0.0503	0.0529	0.0561	0.0549	0.0536	0.0420	0.0417	0.0414	0.0387	0.0412	0.0486

图 4-1　2005~2019 年资源型产业、传统制造业、高端制造业 EG 指数及平均值

资料来源：笔者整理。

业和资源型产业，但仍属于中集聚度产业。这是由于高端制造业受日益激烈的市场竞争影响较大，对技术、人才、资金等要素的需求约束也更大，行业准入门槛更高，一些省份无法满足这种需求约束，因此高端制造业大多集中于某些省份，这就表现为该类型产业的集聚度较大，变化率居中。资源型产业的发展在很大程度上依赖于该地区的资源禀赋，同时政府也对该类型产业的发展给予适当调控，因此，资源型产业的集聚程度居中、变化率较低。传统制造业的技术含量与准入门槛较低，因此，该类型产业的集聚度最低，但变化率最高。

第二，不同类型产业内不同行业的集聚水平及其变化率存在较大差异。

在 13 个资源型产业中，中集聚度行业的占比最高（38.46%）、高集聚度行业的占比次之（30.77%）、低集聚度行业的占比最低（30.77%）；集聚水平下降的行业有 4 个，占比为 30.77%，平均降幅为 3.09%，其中水的生产和供应业的降幅最大，下降了 9.30%，集聚水平上升的行业有 9 个，占比为 69.23%，平均增幅为 5.50%，其中电力、热力生产和供应业的增幅最大，上升了 14.74%。

具体来看，如图 4-2 所示，在 13 个资源型产业中，有 4 个高度集聚行业，占资源型产业的比重为 30.77%，分别为煤炭开采和洗选业、石油和天然气开采业、黑色金属矿采选业、有色金属矿采选业，4 个行业均为采掘业；有 5 个中度集聚行业，占资源型产业的比重为38.46%，分别为非金属矿采选业，石油加工、炼焦和核燃料加工业，黑色金属冶炼和压延加工业，燃气生产和供应业，水的生产和供应业；有4个低度集聚行业，占资源型产业的比重为30.77%，分别为非金属矿物制品业，有色金属冶炼和压延加工业，金属制品业，电力、热力生产和供应业。从集聚度的变化趋势来看，在2005~2019年4个低度集聚行业中，非金属矿物制品业的集聚度平均变化率均为负值，集聚度平均下降了0.43%，有色金属冶炼和压延加工业，金属制品业，电力、热力生产和供应业的集聚度平均变化率均为正值，三个行业的集聚水平分别平均上升了4.85%、5.97%、14.74%；5个中度集聚行业中，水的生产和供应业的集聚度平均变化率为负值，集聚度平均下降了9.30%，非金属矿采选业，石油加工、炼焦和核燃料加工业，黑色金属冶炼和压延加工业，燃气生产和供应业的集聚度平均变化率均为正值，四个行业的集聚水平分别平均上升了3.05%、6.46%、1.65%、6.88%；4个高度集聚行业中，黑色金属矿采选业与有色金属矿采选业的集聚度平均变化率为负值，两个行业的集聚水平分别平均下降了2.32%和0.30%，煤炭开采和洗选业与石油和天然气开采业的集聚度平均变化率为正值，两个行业的集聚水平分别平均上升了4.19%和1.73%。

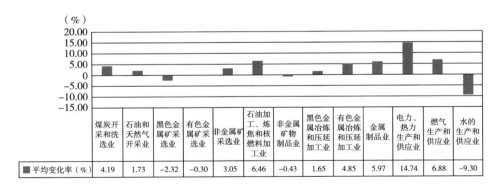

图 4-2　2005~2019 年资源型产业各细分行业 EG 指数平均变化率

资料来源：笔者整理。

在 7 个传统制造业中，中、低集聚度行业的占比分别为 71.43%、28.57%；集聚水平下降的行业有 5 个，占比为 71.43%，平均降幅为 5.04%，其中纺织业的降幅最大，下降了 9.09%，集聚水平上升的行业有 2 个，占比为 28.57%，平均增幅为 5.65%，其中酒、饮料和精制茶制造业的增幅最大，上升了 9.03%。

具体来看，如图 4-3 所示，在 7 个传统制造业中，有 5 个中度集聚行业，占传统制造业的比重为 71.43%，分别为农副食品加工业，酒、饮料和精制茶制造业，烟草制品业，纺织业，纺织服装、服饰业；有 2 个低度集聚行业，占传统制造业的比重为 28.57%，分别为食品制造业以及造纸和纸制品业。从集聚度的变化趋势来看，2005~2019 年 5 个中度集聚行业中，酒、饮料和精制茶制造业的集聚度平均变化率为正值，集聚水平平均上升了 9.03%，农副食品加工业，烟草制品业，纺织业，纺织服装、服饰业的集聚度分别平均下降了 5.90%、2.18%、9.09%、7.55%；在 2 个低度集聚行业中，食品制造业的集聚度平均变化率为正值，集聚水平平均上升了 2.27%，造纸和纸制品业的集聚度平均变化率为负值，集聚水平平均下降了 0.49%。

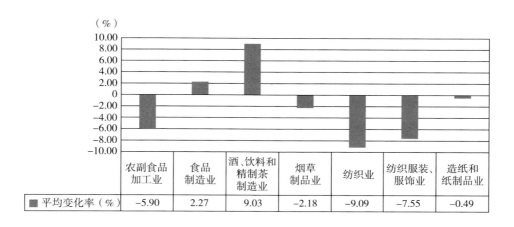

图 4-3 2005~2019 年传统制造业各细分行业 EG 指数平均变化率

资料来源：笔者整理。

在 9 个高端制造业中，高、中、低集聚度行业的占比分别为 33.33%、22.22%、44.44%；集聚水平下降的行业有 5 个，占比为 55.56%，平均降幅为 1.41%，其中仪器仪表制造业的降幅最大，下降了 2.68%，集聚水平上升的行业有 4 个，占比为 44.44%，平均增幅为 1.81%，其中医药制造业的增幅最大，上升了 3.67%。

具体来看，如图 4-4 所示，在 9 个高端制造业中，高、中、低集聚度行业的数量分别为 3 个、2 个、4 个，占高端制造业的比重分别为 33.33%、22.22%、44.44%，其中高度集聚行业分别为化学纤维制造业，计算机、通信和其他电子设备制造业，仪器仪表制造业，中度集聚行业分别为通用设备制造业、电气机械和器材制造业，低度集聚行业分别为化学原料和化学制品制造业、医药制造业、专用设备制造业、交通运输设备制造业。从集聚度的变化趋势来看，2005~2019年 3 个高度集聚行业中，计算机、通信和其他电子设备制造业以及仪器仪表制造业的集聚度平均变化率为负值，两个行业的集聚水平分别平均下降了 1.84% 和 2.68%，化学纤维制造业的集聚度平均变化率为正值，集聚水平平均上升了 0.43%；

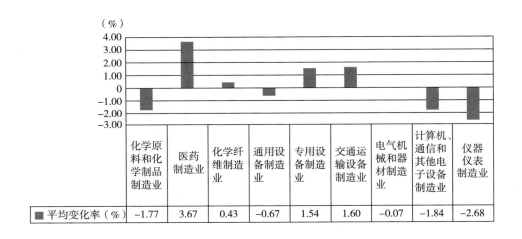

图 4-4　2005~2019 年高端制造业各细分行业 EG 指数平均变化率

资料来源：笔者整理。

在 2 个中度集聚行业中，通用设备制造业与电气机械和器材制造业的集聚度平均变化率为负值，两个行业的集聚水平分别平均下降了 0.67% 和 0.07%；在 4 个低度集聚行业中，化学原料和化学制品制造业的集聚度平均变化率为负值，集聚水平平均下降了 1.77%；医药制造业、专用设备制造业和交通运输设备制造业的集聚度平均变化率为正值，三个行业的集聚水平分别平均上升了 3.67%、1.54% 和 1.60%。

第三节　资源型产业集群与制造业产业集群的空间布局异同分析

本部分运用区位熵指数探讨资源型产业、传统制造业和高端制造业在中国 31 个省份（不包括香港、澳门、台湾地区）的空间分布态势，通过对资源型产业和制造业空间布局的特征性事实描述，判别不同地区主要存在哪些产业集群，即不同类型的产业集群主要分布在中国的哪些省份。

一、资源型产业集群与制造业产业集群空间分布的测算方法

本部分从地区视角出发，选取区位熵指数分析资源型产业、传统制造业和高端制造业的空间分布特征，探讨资源型产业集群与制造业产业集群的空间布局特点。

区位熵指数主要用来衡量在一定区域空间范围内要素的分布状况，该指数的优点是可剔除因区域规模不同造成的影响，能有效反映某一产业部门的专业化程度，更能凸显该区域真正的优势行业（孙浦阳等，2012），区位熵公式如下：

$$LQ_{ij} = (h_{ij}/h_j)/(h_i/h) \tag{4-4}$$

其中，LQ_{ij} 表示 j 地区的 i 产业在全国的区位熵指数，h_{ij} 表示 j 地区 i 产业的总产值，h_j 表示 j 地区所有产业总产值，h_i 表示全国范围内 i 产业的总产值，h 表示全国所有产业的总产值。当 $LQ_{ij}>1$ 时，则认为 i 产业在 j 地区相对集中，j 地区 i 产业的比较优势更突出，竞争力更强；当 $LQ_{ij}=1$ 时，则认为 i 产业在 j 地区处于均势，竞争优势尚不明显；当 $LQ_{ij}<1$ 时，则认为 i 产业在 j 地区相对分散，j 地区 i 产业处于比较劣势，竞争力较弱。LQ_{ij} 的值越高，地区产业集聚水平就越高，相反 LQ_{ij} 的值越低，则产业集聚水平就越低（朱俏俏和孙慧，2016）。本部分采用地区资源型产业总产值、传统制造业总产值、高端制造业总产值来计算区位熵指数，用于分析资源型产业集群与制造业产业集群的空间分布态势。

二、资源型产业集群与制造业产业集群的空间布局分析

根据区位熵的计算公式，分析中国 31 个省份（不包括香港、澳门、台湾地区）2005～2019 年资源型产业、传统制造业、高端制造业三种类型产业集群的空间布局特征，为进一步考察三种类型产业的集群特征与空间分布状况，进一步将我国 31 个省份划分为东部、中部、西部、东北四大区域板块①进行研究（见表 4-2、表 4-3、表 4-4）。

第一，从产业集群的空间分布来看，我国 31 个省区市中，资源型产业集聚特征明显的省份（22 个）数量多于传统制造业（13 个）和高端制造业（7 个）的数量；资源型产业主要集中在西部地区（占比为 50.00%），传统制造业主要集中在东部地区和西部地区（占比均为 30.77%），高端制造业主要集中在东部地

---

① 东部地区包括北京、天津、河北、上海、江苏、浙江、福建、山东、广东和海南，中部地区包括山西、安徽、江西、河南、湖北和湖南，西部地区包括内蒙古自治区（简称"内蒙古"）、广西壮族自治区（简称"广西"）、重庆、四川、贵州、云南、西藏自治区（简称"西藏"）、陕西、甘肃、青海、宁夏回族自治区（简称"宁夏"）和新疆维吾尔自治区（简称"新疆"），东北地区包括辽宁、吉林、黑龙江。

表4-2 2005～2019年我国31个省区市资源型产业区位熵指数

所属区域	省份	2005年	2006年	2007年	2008年	2009年	2010年	2011年	2012年	2013年	2014年	2015年	2016年	2017年	2018年	2019年	平均值	平均变化率（%）
东部	北京	0.907	0.853	1.334	0.915	0.980	0.993	0.998	1.128	1.156	1.172	1.188	1.200	1.143	1.184	1.305	1.097	4.01
东部	天津	0.965	0.977	1.595	1.148	1.209	1.262	1.351	1.202	1.222	2.231	1.263	1.172	1.047	1.048	1.443	1.276	7.36
东部	河北	1.665	1.635	2.461	1.638	1.681	1.634	1.702	1.562	1.542	1.522	1.542	1.563	1.579	1.693	1.903	1.688	2.27
中部	山西	2.115	2.083	3.121	2.061	2.125	2.105	2.226	1.944	1.968	1.995	2.080	2.148	2.136	2.047	2.273	2.162	1.86
西部	内蒙古	1.618	1.652	2.466	1.670	1.687	1.702	1.837	1.673	1.654	1.669	1.748	1.819	1.741	1.815	2.085	1.789	3.10
东北部	辽宁	1.476	1.400	1.957	1.252	1.221	1.178	1.164	1.150	1.157	1.225	1.305	1.428	1.568	1.624	1.813	1.395	2.69
东北部	吉林	0.731	0.748	1.104	0.827	0.704	0.691	0.603	0.874	0.857	0.863	0.868	0.861	0.937	0.932	1.136	0.849	4.93
东北部	黑龙江	1.713	1.693	2.477	1.566	1.491	1.478	1.495	1.267	1.216	1.211	1.122	1.141	1.753	1.567	1.500	1.513	1.24
东部	上海	0.698	0.669	0.933	0.637	0.598	0.592	0.635	0.662	0.651	0.628	0.627	0.641	0.648	0.620	0.750	0.666	1.62
东部	江苏	0.684	0.693	1.046	0.669	0.667	0.638	0.599	0.613	0.631	0.628	0.641	0.640	0.652	0.662	0.847	0.687	3.10
东部	浙江	0.711	0.691	1.014	0.682	0.701	0.696	0.704	0.704	0.718	0.733	0.751	0.755	0.768	0.749	0.882	0.751	2.75
中部	安徽	1.210	1.189	1.750	1.214	1.160	1.108	1.044	1.027	1.040	0.996	0.997	0.982	1.011	1.032	1.203	1.131	1.12
东部	福建	0.747	0.775	1.206	0.783	0.829	0.824	0.757	0.828	0.827	0.872	0.910	0.905	0.913	0.858	1.001	0.869	3.67
中部	江西	1.407	1.437	2.193	1.364	1.327	1.300	1.285	1.212	1.219	1.214	1.228	1.231	1.212	1.191	1.344	1.344	1.18
东部	山东	0.919	0.897	1.325	0.863	0.826	0.854	0.831	0.887	0.883	0.885	0.876	0.906	0.964	1.099	1.442	0.964	4.82
中部	河南	1.348	1.368	2.037	1.283	1.337	1.272	1.128	1.161	1.127	1.116	1.121	1.118	1.068	1.067	1.220	1.251	0.74
中部	湖北	1.061	1.037	1.569	0.989	0.998	0.980	0.906	0.960	0.923	0.876	0.855	0.847	0.923	0.851	0.971	0.983	0.90
中部	湖南	1.253	1.247	1.826	1.128	1.071	1.058	1.016	0.966	0.973	0.966	0.958	1.022	0.933	0.903	1.012	1.089	-0.11
东部	广东	0.629	0.656	1.004	0.672	0.687	0.697	0.670	0.668	0.690	0.700	0.703	0.700	0.663	0.633	0.758	0.702	2.74
西部	广西	1.090	1.109	1.749	1.152	1.107	1.117	1.148	1.225	1.231	1.251	1.263	1.287	1.267	1.269	1.594	1.257	4.35

续表

所属区域	省份	2005年	2006年	2007年	2008年	2009年	2010年	2011年	2012年	2013年	2014年	2015年	2016年	2017年	2018年	2019年	平均值	平均变化率(%)
东部	海南	0.807	0.944	1.898	1.391	1.452	1.411	1.510	1.434	1.368	1.374	1.347	1.423	1.365	1.311	1.510	1.370	7.25
西部	重庆	0.739	0.774	1.150	0.766	0.740	0.746	0.654	0.789	0.779	0.765	0.800	0.778	0.733	0.716	0.873	0.787	2.73
西部	四川	1.059	1.045	1.576	0.997	1.024	1.024	0.948	0.939	0.920	0.952	1.019	0.983	0.943	0.946	1.113	1.032	1.86
西部	贵州	1.454	1.603	2.307	1.518	1.535	1.519	1.553	1.439	1.470	1.480	1.493	1.507	1.358	1.205	1.493	1.529	1.60
西部	云南	1.313	1.461	2.250	1.418	1.435	1.517	1.581	1.404	1.450	1.465	1.401	1.421	1.468	1.468	1.647	1.513	3.22
西部	西藏	1.625	1.735	2.566	1.612	1.641	1.636	1.652	1.595	1.547	1.434	1.627	1.839	1.942	1.954	2.255	1.777	3.88
西部	陕西	1.467	1.518	2.211	1.494	1.525	1.538	1.690	1.591	1.569	1.556	1.561	1.517	1.537	1.487	1.597	1.591	1.74
西部	甘肃	2.005	2.027	3.065	1.953	2.045	2.043	2.193	1.923	1.974	2.032	2.172	2.193	2.217	1.867	2.279	2.132	2.61
西部	青海	2.142	2.129	3.056	1.924	2.000	2.073	2.107	1.793	1.861	1.844	1.867	1.882	1.958	0.840	2.117	1.973	7.44
西部	宁夏	1.611	1.702	2.556	1.628	1.738	1.768	1.867	1.725	1.735	1.690	1.681	1.650	1.766	1.857	2.031	1.800	3.08
西部	新疆	2.103	2.098	2.951	1.956	1.938	1.920	2.062	1.793	1.778	1.827	1.781	1.781	1.804	1.780	2.005	1.972	0.80

资料来源：笔者整理。

表4-3 2005~2019年我国31个省区市传统制造业区位熵指数

所属区域	省份	2005年	2006年	2007年	2008年	2009年	2010年	2011年	2012年	2013年	2014年	2015年	2016年	2017年	2018年	2019年	平均值	平均变化率(%)
东部	北京	0.449	0.412	0.327	0.419	0.386	0.369	0.390	0.427	0.401	0.375	0.482	0.483	0.530	0.540	0.265	0.417	-1.50
东部	天津	0.428	0.354	0.292	0.359	0.436	0.434	0.523	0.645	0.609	0.111	0.661	0.765	0.905	0.733	0.285	0.503	29.71
东部	河北	0.840	0.868	0.665	0.740	0.729	0.715	0.732	0.732	0.760	0.800	0.813	0.819	0.794	0.654	0.389	0.736	-4.26
中部	山西	0.190	0.196	0.154	0.162	0.192	0.197	0.207	0.194	0.214	0.214	0.254	0.267	0.228	0.202	0.107	0.199	-2.29
西部	内蒙古	1.252	1.209	0.956	1.048	1.042	1.048	0.953	0.848	0.865	0.858	0.940	0.923	0.967	0.708	0.389	0.934	-6.64

续表

所属区域	省份	2005年	2006年	2007年	2008年	2009年	2010年	2011年	2012年	2013年	2014年	2015年	2016年	2017年	2018年	2019年	平均值	平均变化率(%)
东北部	辽宁	0.573	0.628	0.545	0.748	0.783	0.828	0.839	0.906	0.917	0.860	0.784	0.682	0.588	0.586	0.328	0.706	-2.25
东北部	吉林	0.775	0.877	0.788	1.133	1.110	1.156	1.211	1.685	1.676	1.650	1.555	1.522	1.658	1.474	0.758	1.269	2.29
东北部	黑龙江	0.729	0.713	0.638	0.850	1.045	1.186	1.338	1.432	1.637	1.661	1.859	1.925	0.876	1.452	0.914	1.217	5.88
东部	上海	0.557	0.531	0.414	0.511	0.497	0.490	0.476	0.587	0.575	0.574	0.604	0.586	0.584	0.635	0.367	0.533	-1.48
东部	江苏	1.063	1.066	0.824	0.967	0.908	0.896	0.806	0.782	0.761	0.767	0.760	0.759	0.749	0.747	0.398	0.817	-5.48
东部	浙江	1.453	1.420	1.143	1.374	1.354	1.318	1.208	1.211	1.183	1.154	1.126	1.097	1.042	1.024	0.563	1.178	-5.38
中部	安徽	0.980	0.970	0.813	0.967	0.999	1.026	1.101	1.082	1.037	1.078	1.035	1.039	1.005	1.034	0.560	0.982	-2.62
东部	福建	1.522	1.569	1.308	1.659	1.682	1.676	1.753	1.645	1.661	1.639	1.618	1.644	1.717	1.866	1.038	1.600	-1.33
中部	江西	0.977	0.934	0.725	0.912	0.943	0.936	0.919	0.898	0.925	0.988	1.020	1.001	0.990	0.991	0.501	0.911	-2.97
东部	山东	1.557	1.582	1.291	1.539	1.464	1.460	1.422	1.341	1.298	1.241	1.259	1.237	1.300	1.258	0.562	1.321	-5.17
中部	河南	1.293	1.289	1.105	1.320	1.252	1.269	1.403	1.194	1.217	1.218	1.197	1.216	1.301	1.282	0.686	1.216	-3.02
中部	湖北	1.002	1.077	0.907	1.095	1.173	1.247	1.378	1.624	1.618	1.695	1.631	1.638	1.561	1.679	0.930	1.350	0.97
中部	湖南	1.265	1.263	0.998	1.244	1.263	1.236	1.229	1.129	1.103	1.147	1.102	1.082	1.246	1.438	0.788	1.169	-1.75
东部	广东	0.769	0.741	0.607	0.795	0.796	0.817	0.818	0.804	0.804	0.777	0.742	0.716	0.726	0.710	0.395	0.735	-3.30
西部	广西	1.313	1.375	1.050	1.335	1.261	1.219	1.264	1.309	1.274	1.245	1.152	1.124	1.205	1.387	0.683	1.213	-2.62
西部	海南	1.623	1.569	0.972	1.159	1.158	1.130	0.909	1.016	1.249	1.056	1.074	1.022	1.091	1.054	0.626	1.114	-4.67
西部	重庆	0.582	0.566	0.464	0.634	0.641	0.669	0.645	0.741	0.729	0.695	0.668	0.660	0.680	0.693	0.385	0.630	-1.30
西部	四川	1.252	1.268	1.047	1.305	1.322	1.302	1.384	1.227	1.243	1.227	1.180	1.186	1.258	1.332	0.737	1.218	-2.34
西部	贵州	0.865	0.820	0.623	0.832	0.814	0.837	0.932	0.883	0.928	0.945	0.928	0.948	1.124	1.264	0.772	0.901	0.74
西部	云南	1.712	1.479	1.138	1.375	1.450	1.358	1.320	1.349	1.301	1.345	1.489	1.505	1.438	1.444	0.823	1.368	-3.77

续表

所属区域	省份	2005年	2006年	2007年	2008年	2009年	2010年	2011年	2012年	2013年	2014年	2015年	2016年	2017年	2018年	2019年	平均值	平均变化率(%)
西部	西藏	0.709	0.722	0.878	1.108	1.369	1.336	1.446	0.995	1.026	1.263	1.309	1.094	0.929	0.745	0.327	1.017	-2.14
西部	陕西	0.609	0.578	0.497	0.578	0.612	0.622	0.593	0.619	0.670	0.711	0.704	0.731	0.792	0.848	0.451	0.641	-0.70
西部	甘肃	0.432	0.390	0.311	0.425	0.449	0.438	0.421	0.354	0.465	0.481	0.397	0.446	0.323	0.299	0.241	0.391	-2.47
西部	青海	0.172	0.176	0.152	0.242	0.305	0.319	0.280	0.341	0.386	0.454	0.426	0.462	0.295	0.109	0.099	0.281	0.91
西部	宁夏	0.897	0.825	0.660	0.736	0.747	0.765	0.698	0.627	0.644	0.775	0.837	0.828	0.625	0.497	0.283	0.696	-6.40
西部	新疆	0.558	0.538	0.502	0.517	0.578	0.585	0.526	0.526	0.539	0.570	0.693	0.769	0.753	0.708	0.388	0.583	-1.20

资料来源：笔者整理。

表4-4 2005~2019年我国31个省区市高端制造业区位熵指数

所属区域	省份	2005年	2006年	2007年	2008年	2009年	2010年	2011年	2012年	2013年	2014年	2015年	2016年	2017年	2018年	2019年	平均值	平均变化率(%)
东部	北京	1.315	1.371	1.089	1.300	1.254	1.235	1.223	1.094	1.082	1.077	1.080	1.075	1.080	1.011	1.332	1.175	0.75
东部	天津	1.264	1.282	0.975	1.107	1.051	0.980	0.902	0.954	0.957	1.162	0.922	0.963	0.989	1.055	1.164	0.982	27.77
东部	河北	0.448	0.465	0.391	0.470	0.490	0.532	0.519	0.489	0.524	0.556	0.588	0.593	0.575	0.480	0.570	0.513	2.27
中部	山西	0.308	0.310	0.254	0.289	0.307	0.303	0.290	0.319	0.325	0.343	0.362	0.345	0.329	0.326	0.423	0.322	2.83
西部	内蒙古	0.313	0.307	0.269	0.318	0.354	0.343	0.328	0.313	0.330	0.334	0.334	0.317	0.354	0.342	0.373	0.329	1.58
东北部	辽宁	0.743	0.782	0.696	0.852	0.887	0.905	0.928	0.882	0.878	0.842	0.822	0.777	0.676	0.573	0.723	0.798	0.42
东北部	吉林	1.338	1.285	1.040	1.132	1.226	1.234	1.255	0.832	0.845	0.857	0.851	0.870	0.765	0.873	1.071	1.031	-0.57
东北部	黑龙江	0.440	0.467	0.392	0.490	0.516	0.465	0.432	0.467	0.441	0.453	0.466	0.428	0.384	0.277	0.534	0.443	4.17
东部	上海	1.462	1.493	1.265	1.551	1.569	1.568	1.507	1.576	1.573	1.572	1.540	1.516	1.498	1.510	1.842	1.536	2.07
东部	江苏	1.269	1.259	1.045	1.344	1.343	1.374	1.416	1.548	1.521	1.497	1.451	1.434	1.422	1.424	1.709	1.404	2.65

续表

所属区域	省份	2005年	2006年	2007年	2008年	2009年	2010年	2011年	2012年	2013年	2014年	2015年	2016年	2017年	2018年	2019年	平均值	平均变化率（%）
东部	浙江	1.067	1.107	0.928	1.157	1.124	1.149	1.163	1.239	1.222	1.207	1.170	1.168	1.188	1.229	1.521	1.176	3.04
中部	安徽	0.808	0.833	0.696	0.803	0.856	0.894	0.932	0.935	0.944	0.977	0.985	0.996	0.988	0.955	1.176	0.918	3.07
东部	福建	1.020	0.982	0.766	0.941	0.873	0.896	0.904	0.877	0.867	0.825	0.780	0.772	0.760	0.784	0.965	0.868	0.19
中部	江西	0.641	0.620	0.501	0.676	0.723	0.746	0.790	0.790	0.778	0.769	0.779	0.796	0.816	0.821	1.076	0.755	4.53
东部	山东	0.837	0.861	0.714	0.919	0.963	0.956	0.967	0.955	0.976	0.987	0.989	0.968	0.900	0.801	0.914	0.914	1.14
中部	河南	0.557	0.539	0.449	0.591	0.589	0.620	0.714	0.708	0.744	0.768	0.790	0.791	0.806	0.822	1.044	0.702	5.23
中部	湖北	0.954	0.948	0.757	0.978	0.940	0.925	0.939	0.759	0.792	0.818	0.826	0.825	0.820	0.867	1.094	0.883	1.79
中部	湖南	0.671	0.671	0.579	0.780	0.834	0.860	0.902	0.986	0.987	0.987	0.989	0.941	0.951	0.915	1.178	0.882	4.77
东部	广东	1.438	1.429	1.155	1.410	1.376	1.356	1.355	1.481	1.445	1.425	1.402	1.401	1.422	1.468	1.808	1.425	2.15
西部	广西	0.789	0.756	0.599	0.715	0.799	0.809	0.778	0.599	0.626	0.641	0.681	0.688	0.671	0.586	0.641	0.692	−0.79
东部	海南	0.938	0.857	0.526	0.546	0.522	0.572	0.609	0.554	0.516	0.583	0.641	0.617	0.634	0.682	0.784	0.639	−0.23
西部	重庆	1.401	1.387	1.139	1.380	1.390	1.361	1.432	1.367	1.378	1.392	1.348	1.360	1.380	1.395	1.693	1.387	1.79
西部	四川	0.847	0.857	0.694	0.875	0.834	0.845	0.887	0.935	0.964	0.939	0.894	0.925	0.936	0.917	1.114	0.898	2.50
西部	贵州	0.633	0.511	0.463	0.558	0.595	0.592	0.569	0.543	0.513	0.541	0.577	0.580	0.625	0.698	0.671	0.578	0.87
西部	云南	0.436	0.391	0.309	0.437	0.430	0.399	0.401	0.403	0.371	0.361	0.387	0.385	0.389	0.374	0.457	0.395	1.28
西部	西藏	0.458	0.428	0.297	0.303	0.279	0.282	0.275	0.282	0.386	0.435	0.266	0.216	0.192	0.194	0.245	0.303	−2.44
西部	陕西	0.729	0.691	0.591	0.693	0.693	0.670	0.595	0.526	0.554	0.583	0.624	0.676	0.613	0.597	0.847	0.645	1.95
西部	甘肃	0.309	0.294	0.228	0.290	0.294	0.288	0.251	0.254	0.222	0.212	0.207	0.220	0.215	0.458	0.296	0.269	3.53
西部	青海	0.267	0.279	0.289	0.393	0.383	0.289	0.386	0.445	0.399	0.429	0.476	0.485	0.459	1.514	0.600	0.473	17.16
西部	宁夏	0.472	0.414	0.356	0.487	0.418	0.397	0.395	0.368	0.370	0.389	0.447	0.511	0.483	0.387	0.527	0.428	2.13
西部	新疆	0.147	0.150	0.183	0.238	0.308	0.316	0.294	0.322	0.375	0.355	0.425	0.425	0.392	0.375	0.461	0.318	9.29

资料来源：笔者整理。

区（占比为71.43%）。

如表4-2所示，从2005~2019年我国31个省份资源型产业区位熵指数的平均值来看，区位熵指数大于1的省份有22个，占比为70.97%，说明我国资源型产业专业化程度较高即形成集聚规模的省份已占大半，在22个资源型产业集聚水平较高的省份中，西部地区有11个，占比为50.00%，包括内蒙古、广西、四川、贵州、云南、西藏、陕西、甘肃、青海、宁夏、新疆；中部地区有5个，占比为22.73%，包括山西、安徽、江西、河南、湖南；东部地区有4个，占比为18.18%，包括北京、天津、河北、海南；东北地区有2个，占比为9.09%，包括辽宁和黑龙江。这些地区均为资源、能源以及原材料丰富、相关产业比重大的省份，因此，依赖于资源优势，资源型产业在这些地区相对集中，集聚水平较高。

如表4-3所示，传统制造业区位熵指数大于1的省份有13个，占比为41.94%，在13个传统制造业集聚水平较高的省份中，东部地区有4个，占比为30.77%，包括浙江、福建、山东、海南；西部地区有4个，占比为30.77%，包括广西、四川、云南、西藏；中部地区有3个，占比为23.08%，包括河南、湖北、湖南；东北部地区有2个，占比为15.38%，包括吉林和黑龙江。

如表4-4所示，高端制造业区位熵指数大于1的省份有7个，占比为22.58%，说明中国高端制造业专业化程度较高即形成集聚规模的省份不到1/4，在7个高端制造业集聚水平较高的省份中，东部地区有5个，占比为71.43%，包括北京、上海、江苏、浙江、广东；东北部地区有1个，占比为14.29%，为吉林；西部地区有1个，占比为14.29%，为重庆。

第二，从产业集群的空间变化趋势来看，我国31个省份中，传统制造业集聚度呈下降趋势的省份（25个）数量多于高端制造业（4个）和资源型产业（1个）的数量，其中呈扩散趋势的传统制造业主要集中在西部地区和东部地区（占比分别为40.00%和36.00%），高端制造业主要集中在西部地区（占比为

50.00%），唯一的资源型制造业省份则位于中部地区；资源型产业集聚度呈上升趋势的省份（30个）的数量多于高端制造业（27个）和传统制造业（6个）的数量，其中呈集聚趋势的资源型产业主要集中在西部地区、东部地区（占比分别为40.00%、33.33%），高端制造业主要集中在西部地区、东部地区（占比分别为30.04%、33.33%），传统制造业在西部地区、东北部地区集聚趋势较为均衡（占比均为33.33%）。

从2005~2019年我国31个省份资源型产业区位熵的平均变化趋势来看，其中仅有1个位于中部的湖南省的集聚度呈下降趋势，占比为3.23%；其余30个省份的资源型产业集聚水平均呈上升趋势，其中西部地区有12个，占比为40.00%，东部地区有10个，占比为33.33%，中部地区除湖南外的5个省份均呈上升趋势，占比为16.67%，东北地区的3个省份均呈上升趋势，占比为10.00%。

从传统制造业集聚度的平均变化趋势来看，我国31个省份中有25个省份的集聚度呈不同程度的下降趋势，占比为80.65%，其中西部地区有10个，占比为40.00%，东部地区有9个，占比为36.00%，中部地区除湖北省外的5个省份均呈下降趋势，占比为20.00%，东北地区有1个，占比为4.00%；其余6个省份的传统制造业集聚水平均呈上升趋势，其中西部地区和东北地区各有2个省份，占比均为33.33%，中部地区和东部地区各有1个省份，占比均为16.67%。

从高端制造业集聚度的平均变化趋势来看，我国31个省份中有4个省份的集聚度呈不同程度的下降趋势，占比为12.90%，其中西部地区有2个，占比为50.00%，东部地区、东北部地区共有2个省份，占集聚度下降省份的50.00%；其余27个省份的高端制造业集聚水平均呈上升趋势，其中西部地区有10个，占比为37.04%，东部地区、东北部地区共有11个，占比为40.74%，中部地区的6个省份均呈上升趋势，占比为22.22%。

可见，资源型产业主要集中在西部地区，并且西部地区、东部地区和中部地区的资源型产业集聚水平不断提高；传统制造业主要集中在西部地区和东部地区，并且西部地区、东部地区和中部地区的传统制造业均有扩散趋势；高端制造业主要集中在东部地区，并且东部地区、西部地区和中部地区均存在高端制造业集聚趋势增强的现象。

第四节　资源型产业集群与制造业产业集群的集聚影响因素异同分析

自从发现了产业集聚现象，致力于产业集群理论研究的学者们一直在努力分析和探索对产业集群及其分布造成影响的因素，并比较分析各种因素对不同类型产业集聚产生的影响。研究产业集聚的学者们进行了大量理论层面的研究和分析，也通过产业集聚的实际发展情况对理论分析进行了验证，但始终没有形成一个被普遍认可和接受的共识。本章梳理和总结了前人提出的产业集聚影响因素的理论分析成果，并在此基础上提出了6个假设，运用面板数据模型对分析结果进行实证层面上的检验，对2005~2019年中国资源型产业集群、传统制造业集群、高端制造业集群得以集聚的影响因素及其差异进行分析和探讨。

一、理论分析与假设

1. 比较优势理论

新古典贸易理论认为，由生产技术的相对差别、要素禀赋的差异等外生因素形成的比较优势是产业集聚形成的重要原因之一，即比较优势决定了产业的区位模式。其中，李嘉图模型主要论述了生产技术和企业劳动力生产效率的相对差别。对于劳动力使用密集的企业，劳动生产率的相对差别会形成比较优势，形成产业集聚现象；赫克歇尔-俄林模型则强调的是要素禀赋的差异性，认为企业会大量生产要素禀赋相对丰富的产品，从而建立比较优势，推动区域内产业得以集聚。以上比较优势理论的分析表明各区域之间形成的比较优势是由上述差异性造成的，而企业自身通常以相对成本的差异确定最优集聚区域（Caves et al.，1982）。因此，提出假设 1 和假设 2。

假设 1：劳动力要素越密集的行业，其产业集聚水平越高。

假设 2：自然资源禀赋越高的行业，其产业集聚水平越高。

2. 新经济地理理论

规模收益递增是新经济地理理论关于产业集聚的一个核心假设。当企业大量生产某种产品时，固定生产成本将下降，规模收益递增，企业则可以扩大生产规模并集中生产最具优势的产品；反过来说，由于规模收益递增的存在，随着企业生产规模的扩大，各种要素投入及基础设施将得到有效利用，企业的平均生产成本就相对较低，从而在大规模的采购和销售中获益，增强了企业的竞争优势，进一步扩大了企业的生产规模，促进了生产的高度集中。这也契合经济学家克鲁格曼（Krugman，1991）的研究结果，即产业的规模经济是促进产业形成集聚的主要因素之一。因此，提出假设 3。

假设 3：规模经济特征越明显的行业，其产业集聚水平越高。

3. 马歇尔的外部性经济理论

基于新古典经济学的分析框架，在关于产业集聚的研究中，马歇尔（Marshall）的外部性经济理论最为著名。Marshall（1920）在分析影响外部性经济的因素时，指出了促使产业集聚的三种力量：一是劳动力市场共享；二是中间产品投入以及专业化的服务市场；三是企业间的知识溢出。第一，行业内的企业便于在专业化的劳动力市场中寻找到与企业需求匹配的专业人才，人力资本的溢出效应能够有效促进企业的发展，因此，企业乐于在专业化的劳动力市场周边聚集，从而促进了产业集聚水平的提高。第二，由于地缘、文化的接近性，知识、信息传播与扩散的空间距离缩短，相对于集聚区外部来说，集聚区内部储存的大量"公共"知识具有更强的溢出效应，降低了企业的创新成本，并使劳动力始终处于"干中学"的过程，从而不断提升劳动力素质及劳动生产率，因此，产业集聚区知识溢出效应带来的良性反馈也吸引了大量企业集聚于此。第三，中间产品投入多、产业间投入产出关联性大的企业也易于在地理上相互接近，当某产业在区域内形成后，必将吸引其辅助产业在该区域出现，为其提供相关产品和服务，促进该产业及其配套产业的链式发展。因此，各种类型及相关企业会基于不同利益及成本的考虑而在区域内不断集聚，从而提高产业集聚水平，形成产业集群。促使产业集聚的前两种力量表明，由于有众多可共享的专业化劳动力市场及大量相互配套、协同合作的企业存在，能降低集聚区企业的生产成本，企业往往倾向于到产业集中区域建厂。鉴于本书研究的是不同类型工业产业整体集聚变动的影响因素，且由于缺乏各细分行业所需的专业化劳动力数据及各产业间的投入产出数据，导致产业的专业化劳动力市场指标及产业间投入产出关联效应的计算较为困难，因而重点讨论第三种力量，即企业间的知识溢出对产业集聚水平的影响。综上所述，提出假设4。

假设4：技术投入力度越大、强度越高的行业，其产业集聚水平也越高。

4. 区域产业政策

无论是经济发达国家还是发展中国家，基本上所有的地方政府都存在地方保护主义动机。地方政府依赖于本地产业税收，而地方产业的发展也会大大促进地方就业环境的改善，应对地方产业的发展给予特别重视，制定相应的区域产业政策。在中国经济转型背景下，地方政府拥有了更多下放的经济政策与财政权，自主决策权不断提升，从而导致区域竞争不断加剧。出于保证税收基础、保障地方就业的考虑，地方政府往往会设置各种高门槛的贸易壁垒以保护本地产业规避或减轻来自外部的竞争冲击。这些保护性产业政策将阻碍地区间产品或服务的自由贸易及流通，使得专业化难以形成，造成产业分散在各个区域内，无法促进产业集聚形成集群，阻碍产业的发展。因此，由于我国尚处于不断完善市场机制的发展阶段，制定合适的、正确的、有利的区域产业政策对产业集群的形成和发展会起到关键作用。综上所述，提出假设5。

假设5：地方保护主义程度越高的行业，其产业集聚水平越低。

5. 经济全球化

经济全球化程度正在日益加深，越来越多的企业参与全球化的竞争，经济的全球化会推动产品、生产要素、工艺技术、知识信息在不同国家和地区间自由流通，进一步强化国际和地域间贸易和分工专业化程度，促进产业比较优势的形成，推动产业的集聚和发展。例如，我国珠江三角洲地区工业的集聚得益于我国的经济开放政策，是实现该地区工业集聚的一个重要原因。许多学者经过研究发现，出口程度较高的行业通常具有较高的集聚度，其产业集聚大多形成于出关便捷、易进入国际市场的地区（薄文广，2010）。基于上述分析，提出假设6。

假设6：出口程度越高的行业，其产业集聚水平越高。

二、变量选择与模型设定

1. 变量选择

（1）产业劳动力密集度（LABOR）。根据新古典贸易理论，产业间形成的比较优势是促使产业集中的重要推动力之一。在这里，我们将产业劳动力密集度作为产业比较优势的表征指标之一，以此来分析和衡量比较优势对产业集聚程度的影响。计算公式如下：

$$LABOR_j = \left| \left(\sum_{i=1}^{N} L_{ij} \middle/ \sum_{i=1}^{N} GIOV_{ij} \right) - \left(\sum_{i=1}^{N} \sum_{j=1}^{M} L_{ij} \middle/ \sum_{i=1}^{N} \sum_{j=1}^{M} GIOV_{ij} \right) \right| \quad (4-5)$$

其中，$i = 1, \cdots, N$ 代表中国各省区市，本书中 $N = 31$，$j = 1, 2, \cdots, M$ 代表产业，本书中 $M = 29$，L_{ij} 表示 i 地区 j 产业的就业人数，$GIOV_{ij}$ 表示 i 地区 j 产业的工业总产值。

（2）主要矿产基础储量（MINEREL）。自然资源禀赋作为比较优势的另一个重要因素，本书选取主要矿产基础储量作为其表征指标。

（3）产业规模经济（SCALE）。新经济地理理论学派中克鲁格曼等认为，产业通过不断发展所形成的规模经济是推动产业得以集聚的主要因素之一。该理论提出了产业规模收益递增假设，因此企业会集中大规模生产具有比较优势的、自身擅长的产品。规模经济的计算公式如下（路江涌和陶志刚，2007）：

$$SCALE_j = GIOV_j / NE_j \qquad (4\text{-}6)$$

其中，$GIOV_j$ 表示 j 产业的工业总产值，NE_j 表示 j 产业的企业单位数。

（4）产业技术投入强度（TECH）。Marshall（1920）的外部性经济理论中指出了产业集聚的三种基本力量，包括劳动力市场共享、中间产品投入以及专业化的服务市场和企业间的知识溢出。考虑知识溢出，本书采用产业技术投入强度作为其表征指标进行度量，计算公式如下：

$$TECH_j = RD_j / INC_j \qquad (4\text{-}7)$$

其中，RD_j 表示 j 产业的 R&D 经费内部支出，INC_j 表示 j 产业的主营业务收入。

（5）地方保护主义程度（REGION）。区域产业政策方面，地方保护主义程度指标的测度公式如下：

$$REGION_j = GGIOV_j / GIOV_j \qquad (4\text{-}8)$$

其中，$GGIOV_j$ 表示 j 产业的国有及国有控股工业企业工业总产值，$GIOV_j$ 表示 j 产业的工业总产值。

（6）产业出口程度（EXPORT）。艾特肯（Aitken，1997）等认为，具有较高出口强度的产业在空间上更容易集中起来，产生集聚，形成集群。产业出口程度的计算公式如下（吴建峰和符育明，2012）：

$$EXPORT_j = EXPO_j / SALE_j \qquad (4\text{-}9)$$

其中，$EXPO_j$ 表示 j 产业的出口交货值，$SALE_j$ 表示 j 产业的工业销售产值。

2. 模型设定

本书结合需要检验的 6 个产业集聚影响因素，并依据面板数据的特征，建立了产业集聚影响因素分析的计量模型，模型具体设定形式如下：

$$AGG_{jt} = \alpha_1 LABOR_{jt} + \alpha_2 MINEREL_{jt} + \alpha_3 SCALE_{jt} + \alpha_4 TECH_{jt} + \alpha_5 REGION_{jt} +$$

$$\alpha_6 EXPORT_{jt} + \lambda_j + \mu_t + \theta_{jt} \qquad (4-10)$$

其中，j 表示产业，t 表示年份，$\alpha_1 \sim \alpha_6$ 为待估参数。AGG 表示模型的被解释变量，即由 EG 指数测算的产业集聚水平，下文中资源型产业、传统制造业、高端制造业集聚度分别表示为 RAGG、TAGG、HAGG。λ 表示时间不变的产业效应，μ 表示产业不变的时间效应，θ 表示其他可能起作用但是没有被模型捕获的因素。

三、相关统计描述

在进行实证检验前，首先对各变量数据进行统计描述，结果如表 4-5、表 4-6、表 4-7 所示。

表 4-5　资源型产业各变量统计描述

变量	均值	标准差	最小值	最大值	观测值
RAGG	0.0424	0.0350	0.0022	0.1603	195
LABOR	0.0468	0.3983	0.0003	4.6891	195
MINEREL	0.4327	0.0685	0.3892	0.6486	195
SCALE	7.2453	16.7112	0.2321	89.5123	195
TECH	0.0031	0.0026	0.0003	0.0090	195
REGION	0.4489	0.2976	0.0550	0.8999	195
EXPORT	0.0342	0.0481	0.0003	0.2775	195

资料来源：笔者整理。

表 4-6　传统制造业各变量统计描述

变量	均值	标准差	最小值	最大值	观测值
TAGG	0.0291	0.0143	0.0073	0.0650	105
LABOR	0.0089	0.0087	0.0003	0.0349	105

续表

变量	均值	标准差	最小值	最大值	观测值
MINEREL	0.5771	0.0710	0.3812	0.6477	105
SCALE	6.9784	14.9233	0.4088	79.3931	105
TECH	0.0032	0.0019	0.0007	0.0070	105
REGION	0.2099	0.3544	0.0087	1.0039	105
EXPORT	0.1081	0.1311	0.0038	0.4782	105

资料来源：笔者整理。

表 4-7　高端制造业各变量统计描述

变量	均值	标准差	最小值	最大值	观测值
HAGG	0.0486	0.0532	0.0067	0.2074	135
LABOR	0.0037	0.0025	0.0002	0.0135	135
MINEREL	0.4331	0.0698	0.3789	0.6288	135
SCALE	2.7571	1.4447	0.5748	8.3345	135
TECH	0.0214	0.0057	0.0046	0.0520	135
REGION	0.1818	0.1200	0.0643	0.5322	135
EXPORT	0.2077	0.1939	0.0525	0.8939	135

资料来源：笔者整理。

由表 4-5 可知，从观测值的完整性来看，各变量观测值完整。比较均值与标准差可见，产业劳动力密集度、产业规模经济和产业出口程度三个变量的标准差大于其均值，说明各产业的劳动力密集度、规模经济效应和出口程度存在差异，尤其是规模经济效应的差异最大。从规模经济变量数值的变化来看，石油和天然气开采业的数值最大，2018 年为 89.5123，石油加工、炼焦和核燃料加工业次之，但仅为 19.8163，其他产业该指标数值仅在 0~10。此外，石油和天然气开采业在不同年份也存在较大差异，其数值呈波动上升趋势，2009 年为最低值，为 24.3918，2018 年则达最高值，为 89.5123，约为 2009 年的 3.7 倍。从最大值和最小值数值的变化来看，上述 7 个变量的最大值与最小值之间存在不同程度的差异，其中规模经济差异性最大，差距为 89.2802，劳动力密集度差异性次之，差距为 4.6888，技术投入强度差异性最小，差距为 0.0087。

由表 4-6 可知，从观测值的完整性来看，各变量观测值完整。比较均值与标准差可见，产业规模经济、地方保护主义程度和产业出口程度三个变量的标准差大于其均值，说明各产业的规模经济效应、地方保护主义程度和产业出口程度存在差异，同资源型产业一样，依然是规模经济效应的差异最大。从规模经济变量的数值变化看，烟草制品业的数值最大，2019 年为 79.3931，其余产业该指标数值远小于烟草制品业，介于 0.4~2.8。此外，烟草制品业在不同年份也存在较大差异，其数值呈持续上升趋势，由 2005 年的 15.2343 升至 2019 年的 79.3931，上升了约 4.2 倍。从最大值和最小值数值变化看，上述 7 个变量的最大值与最小值之间存在不同程度的差异，其中规模经济差异性最大，差距为 78.9843，地方保护主义程度差异性次之，差距为 0.9952，技术投入强度差异性最小，差距为 0.0063。

由表 4-7 可知，从观测值的完整性看，各变量观测值完整。比较均值与标准差可见，高端制造业各行业的集聚度存在一定差异，化学纤维制造业，计算机、通信和其他电子设备制造业，仪器仪表制造业三个产业的集聚度较高，其中化学纤维制造业的集聚度最高，各年份值均大于 0.1，2018 年达最大值 0.2074；计算机、通信和其他电子设备制造业集聚度在 2005 年大于 0.1，为 0.1007，其余年份介于 0.07~0.1；仪器仪表制造业集聚度在 2017 年、2018 年超过 0.1，分别为 0.1007、0.1034，其余年份集聚度在 0.05~0.1 呈起伏波动趋势。其他行业所有年份的集聚度均小于 0.05。从最大值和最小值数值变化看，上述 7 个变量的最大值与最小值之间存在不同程度的差异，其中规模经济的差异性最大，差距为 7.7597，但差距远小于资源型产业和传统制造业，出口程度差异性次之，差距为 0.8414，劳动力密集度差异性最小，差距为 0.0133。

四、实证检验与分析

本部分采用面板数据模型，运用 Stata16.0 软件分别对 2005～2019 年我国不同类型工业（资源型产业、传统制造业、高端制造业）的面板数据进行回归分析，估计结果经 Hausman 检验，选择随机效应模型。

1. 不同类型工业集聚影响因素分析的实证检验

如表 4-8 所示，对于资源型产业来说，矿产资源储量、产业技术投入强度和地方保护主义程度三个因素对产业集聚产生显著影响，其余变量不显著。矿产资源储量和地方保护主义程度两个变量分别在 5% 和 1% 的显著性水平下对资源型产业的集聚产成正向作用，两个变量每增加 1%，资源型产业的集聚程度将分别提高 0.0176%、0.0119%；产业技术投入强度变量在 10% 的显著性水平下对资源型产业的集聚产成负向作用，该变量每增加 1%，资源型产业的集聚程度将降低 0.2215%。地方保护主义程度和产业技术投入强度两个变量的变化方向与理论假说相悖，表明地方保护主义程度越高、产业技术投入强度越低，资源型产业的集聚程度反而越高。

表 4-8　不同类型工业集聚的影响因素回归分析结果

解释变量	资源型产业	传统制造业	高端制造业
LABOR	0.0029 （0.0019）	0.0020 ** （0.0015）	0.0029 （0.0022）
MINEREL	0.0176 ** （0.0403）	-0.0261 （0.0326）	-0.0309 （0.0456）
SCALE	-0.0002 （0.0001）	-0.0002 （0.0001）	-0.0010 （0.0011）
TECH	-0.2215 * （0.1398）	2.7084 （0.9007）	0.1477 ** （0.2054）
REGION	0.0119 *** （0.0187）	-0.0173 （0.0111）	-0.0632 *** （0.0228）

续表

解释变量	资源型产业	传统制造业	高端制造业
EXPORT	0.0285 （0.0582）	0.0031 * （0.0227）	0.1073 ** （0.0109）
常数项	0.0640 *** （0.0357）	0.0875 *** （0.0272）	0.1258 *** （0.0427）
Within R^2	0.5049	0.8376	0.7902

注：***、**、*分别表示 1%、5% 和 10% 的显著水平。

资料来源：笔者整理。

对于传统制造业来说，其集聚受到产业劳动力密集度和产业出口程度两个因素的显著影响，其余变量均不显著。两个变量分别在 5% 和 10% 的显著性水平下对传统制造业的集聚产生正向影响，两个变量每增加 1%，传统制造业的集聚程度将分别提高 0.0020% 和 0.0031%。

对于高端制造业来说，其产业集聚的显著影响因素包括产业技术投入强度、地方保护主义程度和产业出口程度三个因素。其中地方保护主义程度对高端制造业的集聚形成负向影响，其余两个变量均促进了高端制造业的集聚，三个变量的变化方向均与理论假设一致。具体地，产业技术投入强度和产业出口程度均在 5% 的水平下显著为正，两个变量每增加 1%，高端制造业的集聚程度将分别提高 0.1477%、0.1073%；地方保护主义程度在 1% 的水平下显著为负，该变量每增加 1%，高端制造业的集聚程度将下降 0.0632%。

由此可见，资源型产业和高端制造业集聚影响因素的显著变量个数多于传统制造业，即便是同一变量，对不同类型行业集群的作用方向和影响程度也存在较大差异。

2. 回归结果及分析

表 4-9 给出了不同类型工业产业集聚的显著影响因素及其系数值。通过该表可得出以下几个主要结论：

表 4-9 不同类型工业集聚的显著影响因素及系数值

产业类型	LABOR	MINEREL	SCALE	TECH	REGION	EXPORT
资源型产业	—	0.0176 **	—	−0.2215 *	0.0119 ***	—
传统制造业	0.0020 **	—	—	—	—	0.0031 *
高端制造业	—	—	—	0.1477 **	−0.0632 ***	0.1073 **

注：***、**、*分别表示1%、5%和10%的显著水平。

资料来源：笔者整理。

第一，不同类型工业集聚的影响因素存在差异。虽然模型设定了6个影响工业集聚的解释变量，但回归结果显示，没有一个行业6个变量都能够通过显著性检验，资源型产业和高端制造业集聚的显著影响因素较多，均为3个，分别是主要矿产基础储量、产业技术投入强度、地方保护主义程度和产业技术投入强度、地方保护主义程度、产业出口程度；传统制造业集聚的显著影响因素最少，为2个，分别是产业劳动力密集度、产业出口程度。各类型产业的特征和性质不同，其产业集聚的影响因素也会有所差异。

第二，不同的解释变量的影响作用不同，有的变量对行业发展的影响较为普遍，影响范围较广，而有些变量只局限于对个别行业产生影响。产业技术投入强度、地方保护主义程度和产业出口程度的影响面较大，对两个类型产业集聚有显著影响，其中产业技术投入强度和地方保护主义程度对资源型产业和高端制造业有显著影响，产业出口程度对传统制造业和高端制造业有显著影响；产业劳动力密集度、主要矿产基础储量分别仅对传统制造业、资源型产业有显著影响；产业规模经济对于任何类型产业的集聚均未产生明显的作用；没有任何一个变量同时对三种类型产业产生显著影响。

第三，从理论假设的检验情况看，6个假设中有5个得到了部分证实。

比较优势理论中，假设1得到了部分证实。产业劳动力密集度作为比较优势因素的代表，与传统制造业集聚有显著的正向关系，证实了产业劳动力密集度是产业集聚的"向心力"之一，至于产业劳动力密集度对资源型产业和高端制造业不显著可能是传统制造业大多属于劳动密集型产业，在产品成本中劳动力消耗所占比重较大，单位投资吸收劳动力较多，劳动力优势得以充分发挥，因此劳动力资源丰富的地区或行业注重发展传统制造业，而资源型产业与高端制造业大多属于资源、资金、技术密集型产业，依赖资源禀赋，需要投入的技术装备多，资本投资量大，对劳动力的容纳能力较弱。传统制造业多集中于江苏、浙江、福建、山东、河南、湖北等劳动力资源密集地区的现实也验证了结论的成立。

假设2得到了部分证实。自然资源禀赋促进了资源型产业的集聚，但对传统制造业和高端制造业无显著影响，这与工业行业的分类方式与自然资源禀赋的指标选取有关，本书资源型产业主要指以开发利用能源资源和矿产资源为主要基础原料和依托的产业，产业的发展离不开本地丰富的"矿产"资源。因此作为自然资源禀赋表征指标的"主要矿产基础储量"越大对资源型产业集聚形成的影响则越大，而传统制造业和高端制造业对矿产资源的依赖度远低于资源型产业，以矿产资源储量代表的自然资源禀赋仅对资源型产业集聚产生了显著的正向影响。

新经济地理理论中，假设3未能得到验证。产业规模经济对资源型产业、传统制造业和高端制造业来说均为不显著的负相关关系，与理论假设中规模经济是产业集聚的主要动因这一主流观点不符，但是这一观点的成立有其特定的逻辑：某一领域的市场逐渐扩大导致分工不断深化，进而形成良好的分工合作网络，这一系统的、合理的分工网络的形成促使规模经济效应得以增大，从而增强了产业集聚效应。可见，规模经济对产业集聚发挥促进作用的前提是产业集聚区内的厂商形成了良好的分工合作关系，但这一点正是我国企业所缺乏的，目前产业集聚区内的企业大多只是数量的增长，分工不明、重复建设、"大而全，小而全"的问题严重，随着产业规模的不断扩大，生产要素短缺、要素价格升高、生产成本增加、市场无序竞争等问题凸显，降低了产业集聚的内聚力。

在马歇尔的外部性理论中，假设4得到了部分验证。用产业技术投入强度来反映马歇尔外部性理论中的知识溢出效应。结果显示，产业技术投入强度对高端制造业集聚产生了显著的正向影响，与预期相符，因为高端制造业大多属于技术指向型工业，产业发展对技术水平的要求较高，在相邻区域内，新技术、新方法、新管理经验的产生会在区域内部或周边地区快速传播，被同类企业模仿和应用，因此，为寻求知识溢出产生的经济正外部性，降低成本，提高生产率，高端制造业更倾向于布局在研发能力较强的企业邻近地区。但由于传统制造业对技术和研发能力的要求并不高，因此，产业技术投入强度对传统制造业集聚的影响不显著，知识溢出的影响未得以显现。此外，产业技术投入强度对资源型产业的集聚产生了显著的负向影响，与理论假设不符，可能是由于随着知识技术的不断进步，"技术"可逐步替代资源型产业发展所必需的要素"资源"，因此，资源型产业的布局受资源要素分布的束缚减少，资源型产业的布局会随着技术投入强度的增大拥有更多的自由选择空间，从而降低了资源型产业的集聚水平。

区域产业政策因素中，假设5得到了部分证实。地方保护主义程度对高端制造业具有显著的负向作用，这也从侧面表明市场化程度对高端制造业的集聚具有促进作用，这意味着地方保护主义限制了区域之间人才、技术、知识等要素的充分流动，使得技术、知识溢出效应难以得到充分有效的发挥，不利于吸引以技术为主导因素的高端制造业在该区域布局。但地方保护主义程度对资源型产业的集聚具有显著的正向作用，这是由于资源型产业关系着国民经济的命脉，是资源型地区税收的主要来源，其发展过程必然受到政府的"重视"，且资源型产业存在巨大的沉没成本，需要政府支持和政策优惠才能顺利集聚，形成产业集群（刘玉珂，2009）。

经济全球化因素中，假设6得到部分证实。对于传统制造业、高端制造业和资源型产业的集聚，产业出口程度的大小对它们所产生的影响不同，其对传统制造业及高端制造业会表现出显著的正向影响，但资源型产业集聚受到产业出口程度的影响并不明显。传统制造业以比较优势为基础，受国外市场的需求影响，参与经济全球化的程度较高，依赖国际市场迅速发展，且其劳动力生产要素的流动性较强，受出口的拉动，产业倾向于在东部沿海地区或中部部分地区集聚（邵昱晔，2012）。高端制造业中存在大量的外资企业，"大进大出"的加工贸易特征非常明显（王燕等，2015），促进了产业的集聚发展。

第五节　本章小结

本章的主要研究结论有以下五点：

第一，资源型产业集群具有高度依赖自然资源、产业转移约束大、成长路径需要政府规划培育、产业链具有极强的延展性、生命周期特征明显等特点。与资源型产业集群相比，制造业产业集群受自然资源禀赋的依赖程度低，产业转移的成本低，产业集群形成受市场机制及其规律的影响较大，政府主要起引导和辅助作用。传统制造业集群以传统加工制造业为主导，多为劳动密集型产业，劳动力成本占比较高，产业集群具有可迁移性和可复制性，自由落地较为容易，集群内企业多善于"模仿创新"，而"自主创新"能力较弱。高端制造业集群以知识为依托，以创新为基础，多为知识技术密集型产业，科技含量高、附加值高，具有高投入、高收益、高风险、自主创新网络广泛、自主创新能力强的特点，产业关联性强、渗透性强、带动能力强。传统制造业集群与高端制造业集群作为制造业两种不同特征的集群类型，两者之间还存在许多共性与联系：传统制造业集群是高端制造业集群发展的基础，既为高端制造业集群的发展提供了完备的辅助性工业基础设施和系统，又为其提供了必需的资源、资本、人才、技术等外部环境条件；高端制造业集群是传统制造业集群的先导，传统制造业集群要不断吸收高端制造业集群的创新成果，自身才能实现可持续发展。

第二，不同类型产业集聚程度存在差异，总体来看，高端制造业集聚度最高，属于中集聚度产业，其中化学纤维制造业，计算机、通信和其他电子设备制造业以及仪器仪表制造业的集聚特征尤其明显。资源型产业集聚度次之，同属于中集聚度产业，产业内属于高集聚度的4个细分行业均为采掘业，分别是煤炭开采和洗选业、石油和天然气开采业、黑色金属矿采选业、有色金属矿采选业。传统制造业集聚度最低，但仍属于中集聚度产业，其中纺织服装、服饰业的集聚度最高。

第三，从产业集聚程度的平均变化率来看，资源型产业集聚度平均变化率最低，说明总体上该产业的区域集聚最为稳定；集聚水平下降行业的平均降幅为3.09%，其中水的生产和供应业的降幅最大，下降了9.30%；集聚水平上升行业的平均增幅为5.50%，其中电力、热力生产和供应业的增幅最大，上升了14.74%。高端制造业的集聚度平均变化率居中；集聚水平下降行业的平均降幅为1.41%，其中仪器仪表制造业的降幅最大，下降了2.68%；集聚水平上升行业的平均增幅为1.81%，其中医药制造业的增幅最大，上升了3.67%。由于传统制造业的准入门槛低，导致其产业集聚度平均变化率最高，区域集聚最不稳定；集聚水平下降行业的平均降幅为5.04%，其中纺织业的降幅最大，下降了9.09%；集聚水平上升行业的平均增幅为5.65%，其中酒、饮料和精制茶制造业的增幅最大，上升了9.03%。

第四，从产业集群的空间分布来看，全国31个省份中，资源型产业集聚特征明显的省份（22个）多于传统制造业（13个）和高端制造业（7个）。资源型产业主要集中在西部地区，并且西部、东部和中部地区的资源型产业集聚水平不断提高；传统制造业主要集中在西部和东部地区，并且西部、东部和中部地区的传统制造业均有扩散趋势；高端制造业主要集中在东部北京、上海、江苏、浙江、广东等地区，并且东部、西部和中部地区均存在高端制造业集聚趋势增强的现象。

第五，影响不同类型产业集聚的因素存在差异，没有一个产业 6 个变量都能够通过显著性检验，即便是同一个变量，对不同类型产业集聚的作用方向和影响程度也不同。对于资源型产业来说，以主要矿产基础储量表征的自然资源禀赋及地方保护主义程度是其集聚的关键影响因素，产业技术投入强度是阻碍其集聚的重要因素；对于传统制造业来说，产业劳动力密集度、产业出口程度是促进其集聚的显著影响因素；对于高端制造业来说，促进其集聚、形成集群的主要因素是产业技术投入强度和产业出口程度，阻碍其集聚的主要因素是地方保护主义程度。

第五章 资源型产业集群与制造业产业集群对经济增长影响的异同分析

本章将对资源型产业集群与制造业产业集群对经济增长的影响进行分析，探讨不同类型产业集群对经济增长的影响。首先，采用全要素生产率作为经济增长的代理变量，并将资源型产业、传统制造业、高端制造业全要素生产率的变化进一步分解为技术进步变化与技术效率变化，以便更清晰地反映出不同类型产业集群对全要素生产率变化的作用方向。其次，采用两阶段系统广义矩方法，对资源型产业、传统制造业、高端制造业集群对经济增长的影响进行实证分析，探讨资源型产业与制造业集群对经济增长影响的异同。最后，对资源型产业与制造业集群影响经济增长的作用机制进行分析。

第一节 资源型产业集群与制造业产业集群对经济增长影响的测度分析

新古典经济增长理论认为，一个经济体如果能长期保持快速增长，其必定伴随有全要素生产率的较快提高（刘秉镰等，2010），众多学者对产业集群对经济增长影响的研究大多聚焦于集群发展对经济增长总量的影响，但也有少数经济学家从经济增长效率视角，使用劳动生产率或全要素生产率来检验集群对经济增长的影响，以期得出更为可靠的结论，如 Beeson（1987）、Gopinath 等（2004）对美国制造业的研究，孙浦阳等（2013）对中国工业与服务业的研究等。产业全要素生产率是衡量地区某产业经济发展质量的重要指标，全要素生产率的增长有助于产业经济的持续发展。因此，本章选择全要素生产率指标从经济发展效率的角度衡量产业的经济增长。

一、基于全要素生产率视角的经济增长测度

本章选择全要素生产率作为经济增长的代理变量，探讨资源型产业集群和制造业产业集群对经济增长影响的特征及其规律。

1. 全要素生产率的测算方法

本章将资源型产业与制造业中的每一个行业作为一个决策单元，运用 Färe 等（1994）提出的基于 DEA 的 Malmquist 指数方法来测算资源型产业与制造业全要素生产率增长，并加以分解。Malmquist 指数最早由瑞典著名经济学家和统计学家 Malmquist（1953）提出，Caves 等（1982）在此基础上，引入距离函数，通过测度生产决策单元与生产前沿面的距离来反映全要素生产率变化情况，此后与 DEA 理论相结合，应用日益广泛。在实证分析中，国内外学者大多采用 Färe 等（1994）构建的基于 DEA 的 Malmquist 指数。

从 t 时期到 t+1 时期，度量全要素生产率增长的 Malmquist 指数可以表示为（李廉水和周勇，2006）：

$$M_0(x_{t+1},\ y_{t+1},\ x_t,\ y_t) = \left[\frac{d_0^t(x_{t+1},\ y_{t+1})}{d_0^t(x_t,\ y_t)} \times \frac{d_0^{t+1}(x_{t+1},\ y_{t+1})}{d_0^{t+1}(x_t,\ y_t)}\right]^{1/2} \qquad (5-1)$$

其中，$(x_{t+1},\ y_{t+1})$ 和 $(x_t,\ y_t)$ 分别表示 t+1 时期和 t 时期的投入和产出向量；d_0^t 和 d_0^{t+1} 分别表示以 t 时期技术 T_t 为参照，时期 t 和时期 t+1 的距离函数。

以 t 时期技术 T_t 为参照，基于产出角度的 Malmquist 指数可以表示为（宗晓丽，2012）：

$$M_0^t(x_{t+1}, y_{t+1}, x_t, y_t) = d_0^t(x_{t+1}, y_{t+1})/d_0^t(x_t, y_t) \qquad (5-2)$$

类似地，以 t+1 时期技术 T_{t+1} 为参照，基于产出角度的 Malmquist 指数可以表示为：

$$M_0^{t+1}(x_{t+1}, y_{t+1}, x_t, y_t) = d_0^{t+1}(x_{t+1}, y_{t+1})/d_0^{t+1}(x_t, y_t) \qquad (5-3)$$

为避免时期选择的随意性可能导致的差异，仿照 Fisher 理想指数的构造方法，Caves 等（1982）用式（5-2）和式（5-3）的几何平均值即式（5-1），作为衡量从 t 时期到 t+1 时期生产率变化的 Malmquist 指数。该指数大于 1 时，表明从 t 时期到 t+1 时期全要素生产率是增长的。

根据上述处理所得到的 Malmquist 指数具有良好的性质[①]，它可以分解为不变规模报酬假定下技术效率变化指数（EFFG）和技术进步指数（TECHG），其分解过程如下：

$$M_0(y_{t+1}, x_{t+1}, y_t, x_t) = \frac{d^{t+1}(x_{t+1}, y_{t+1})}{d_0^t(x_t, y_t)} \times \left[\frac{d_0^t(x_{t+1}, y_{t+1})}{d_0^{t+1}(x_{t+1}, y_{t+1})} \times \frac{d_0^t(x_t, y_t)}{d_0^{t+1}(x_t, y_t)}\right]^{1/2}$$

$$= EFFG \times TECHG \qquad (5-4)$$

为了度量 Malmquist 指数，需要借助线性规划方法来计算有关投入和产出的各种距离函数。对于 t 时期到 t+1 时期第 i 个行业全要素生产率的变化，需要计算如下四个基于 DEA 的距离函数：

$$[d_0^t(x_t, y_t)]^{-1} = \max_{\varphi, \lambda} \varphi \qquad [d_0^{t+1}(x_{t+1}, y_{t+1})]^{-1} = \max_{\varphi, \lambda} \varphi$$

$$\text{s. t. } -\varphi y_{it} + Y_{t+1}\lambda \geqslant 0 \qquad \text{s. t. } -\varphi y_{i,t+1} + Y_{t+1}\lambda \geqslant 0$$

$$x_{it} - X_{t+1}\lambda \geqslant 0 \qquad x_{i,t+1} - X_{t+1}\lambda \geqslant 0$$

$$\lambda \geqslant 0 \qquad \lambda \geqslant 0$$

---

① 该指数包含了 Fisher 指数和 Tornqvist 指数，是更为一般性的生产率指数，更为详细的说明可参考 Caves D W, Christensen L R, Diewert W E. The Economic Theory of Index Numbers and the Measurement of Input, Output, and Productivity [J]. Journal of the Econometric Society, 1982（2）：1393-1414.

$$\left[\,d_0^t(\,x_{t+1}\,,\ y_{t+1}\,)\,\right]^{-1}=\max_{\varphi,\lambda}\varphi \qquad \left[\,d_0^{t+1}(\,x_t\,,\ y_t\,)\,\right]^{-1}=\max_{\varphi,\lambda}\varphi$$

$$\text{s. t.}\ \ -\varphi y_{i,t+1}+Y_t\lambda\geqslant0 \qquad \text{s. t.}\ \ -\varphi y_{it}+Y_{t+1}\lambda\geqslant0$$

$$x_{i,t+1}-X_t\lambda\geqslant0 \qquad x_{it}-X_{t+1}\lambda\geqslant0 \tag{5-5}$$

$$\lambda\geqslant0 \qquad \lambda\geqslant0$$

2. 相关数据来源与处理

在计算资源型产业与制造业的行业全要素生产率时，相关数据来源与处理如下：①选取 2005～2019 年的资源型产业与制造业（包括传统制造业与高端制造业）为研究对象；②测算所需的两个投入变量劳动和资本分别采用各产业从业人员年平均人数和固定资产净值予以度量，选择各个行业的工业总产值作为产出；③工业总产值、从业人员年平均人数以及固定资产净值数据来源于历年《中国工业经济统计年鉴》《中国经济普查年鉴》，其中少数缺失数据利用万得数据库及灰色预测法予以补齐。

3. 资源型产业与制造业全要素生产率增长的测度与分析

资源型产业、传统制造业、高端制造业全要素生产率指数及分解如表 5-1 所示。

本部分采用 DEA-Malmquist 指数法，运用 Deap 2.1 软件，对中国 31 个省区市（不包括香港、澳门、台湾地区）2006～2019 年的资源型产业与制造业（包括传统制造业与高端制造业）的全要素生产率指数及其分解指标技术进步指数、技术效率变化指数进行了测算。

（1）资源型产业。从全要素生产率及其分解指数的平均值来看，2006～2019年，资源型产业的全要素生产率指数、技术进步指数、技术效率变化指数的平均值均大于 1，三个指数的值分别为 1.053、1.061、1.001，说明资源型产业同期全要素生产率和技术进步分别增长了 5.3% 和 6.1%，技术效率基本没有变化。技术进步是影响资源型产业全要素生产率增长的重要因素（见图 5-1）。

从全要素生产率及其分解指数的变化趋势来看，2006～2019 年（2011 年除外），

表 5-1 资源型产业、传统制造业、高端制造业全要素生产率率指数及分解

产业类别	全要素生产率及其分解指数	2006 年	2007 年	2008 年	2009 年	2010 年	2011 年	2012 年	2013 年	2014 年	2015 年	2016 年	2017 年	2018 年	2019 年	平均值
资源型产业	全要素生产率指数	1.100	1.121	1.100	0.926	1.179	1.048	1.211	0.917	1.038	0.818	1.033	1.043	1.168	1.038	1.053
	技术进步指数	1.082	1.145	1.083	0.926	1.181	1.439	0.969	0.875	1.043	0.910	0.972	0.999	1.142	1.089	1.061
	技术效率变化指数	1.016	0.979	1.016	1.000	0.999	0.729	1.249	1.048	0.995	0.900	1.063	1.045	1.023	0.953	1.001
传统制造业	全要素生产率指数	1.110	1.162	1.053	1.072	1.106	1.192	1.034	1.049	1.014	1.007	1.031	0.931	1.079	0.977	1.058
	技术进步指数	1.123	1.148	1.002	1.052	1.142	1.152	1.042	1.072	0.965	1.014	1.042	1.229	1.036	0.853	1.062
	技术效率变化指数	0.989	1.012	1.051	1.019	0.969	1.035	0.993	0.978	1.051	0.994	0.990	0.758	1.041	1.145	1.002
高端制造业	全要素生产率指数	1.144	1.158	1.280	0.834	1.143	1.138	0.898	0.914	0.783	1.337	1.111	1.024	1.391	0.999	1.082
	技术进步指数	1.119	1.058	1.304	0.977	0.878	1.090	0.965	0.881	0.748	1.326	1.049	1.108	1.877	0.868	1.089
	技术效率变化指数	1.023	1.094	0.982	0.854	1.302	1.043	0.931	1.037	1.046	1.008	1.059	0.924	0.741	1.151	1.014

资料来源：笔者整理。

资源型产业三个指数的变动呈现出较为平稳的态势，资源型产业全要素生产率的走势始终与技术进步一致。除 2009 年、2013 年和 2015 年外，资源型产业全要素生产率指数始终大于 1；2009 年受金融危机影响，三个指数均呈下降态势，资源型产业全要素生产率的增长主要受到技术进步降低的拉动；2013 年技术进步增长为负值，技术效率则得以提高，但技术进步对全要素生产率增长的负作用大于技术效率提高对全要素生产率增长的正向作用，因此，全要素生产率指数的变化方向仍与技术进步指数一致；2015 年资源型产业全要素生产率的增长受到技术进步和技术效率降低的双重拉动，资源型产业全要素生产率指数达到最小值。此外，2011 年技术进步对全要素生产率增长的拉动作用和技术效率对全要素生产率增长的阻碍作用均达到最大值。

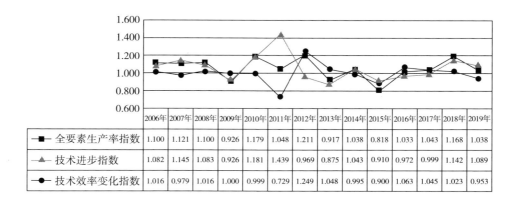

	2006年	2007年	2008年	2009年	2010年	2011年	2012年	2013年	2014年	2015年	2016年	2017年	2018年	2019年
全要素生产率指数	1.100	1.121	1.100	0.926	1.179	1.048	1.211	0.917	1.038	0.818	1.033	1.043	1.168	1.038
技术进步指数	1.082	1.145	1.083	0.926	1.181	1.439	0.969	0.875	1.043	0.910	0.972	0.999	1.142	1.089
技术效率变化指数	1.016	0.979	1.016	1.000	0.999	0.729	1.249	1.048	0.995	0.900	1.063	1.045	1.023	0.953

图 5-1　2006~2019 年资源型产业全要素生产率指数、技术进步指数、

技术效率变化指数趋势

资料来源：笔者整理。

（2）传统制造业。从全要素生产率及其分解指数的平均值来看，2006~2019年，传统制造业的全要素生产率指数、技术进步指数、技术效率变化指数的平均值均大于 1，三个指数的值分别为 1.058、1.062、1.002，说明传统制造业同期全要素生产率指数、技术进步指数、技术效率变化指数分别增长了5.8%、6.2%和0.2%，技术进步是影响传统制造业全要素生产率增长的主要因素（见图5-2）。

从全要素生产率及其分解指数的变化趋势来看，2006~2019年（2017年除外），传统制造业全要素生产率指数的走势与技术进步指数走势的契合度较高。除2017年和2019年以外，传统制造业全要素生产率指数始终大于1；2017年技术效率对全要素生产率增长的负作用大于技术进步对全要素生产率增长的正向作用，全要素生产率增长趋势与技术效率变化一致；2019年则相反，此时技术进步增长为负值，技术效率则得以提高，但技术进步对全要素生产率增长的负作用大于技术效率提高对全要素生产率增长的正向作用，因此，全要素生产率指数的变化方向仍与技术进步指数一致。

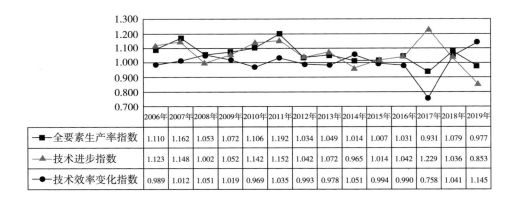

	2006年	2007年	2008年	2009年	2010年	2011年	2012年	2013年	2014年	2015年	2016年	2017年	2018年	2019年
全要素生产率指数	1.110	1.162	1.053	1.072	1.106	1.192	1.034	1.049	1.014	1.007	1.031	0.931	1.079	0.977
技术进步指数	1.123	1.148	1.002	1.052	1.142	1.152	1.042	1.072	0.965	1.014	1.042	1.229	1.036	0.853
技术效率变化指数	0.989	1.012	1.051	1.019	0.969	1.035	0.993	0.978	1.051	0.994	0.990	0.758	1.041	1.145

图5-2 2006~2019年传统制造业全要素生产率指数、技术进步指数、

技术效率变化指数趋势

资料来源：笔者整理。

（3）高端制造业。从全要素生产率及其分解指数的平均值来看，2006~2019年，高端制造业的全要素生产率指数、技术进步指数、技术效率变化指数的平均值同资源型产业和传统制造业一样，均大于1，三个指数的值分别为1.082、

1.089、1.014，说明高端制造业同期全要素生产率指数、技术进步指数、技术效率变化指数分别增长了8.2%、8.9%和1.4%，技术进步是驱动高端制造业全要素生产率增长的主要因素（见图5-3）。

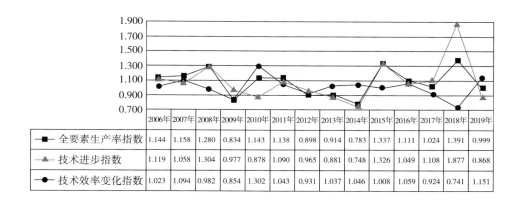

	2006年	2007年	2008年	2009年	2010年	2011年	2012年	2013年	2014年	2015年	2016年	2017年	2018年	2019年
全要素生产率指数	1.144	1.158	1.280	0.834	1.143	1.138	0.898	0.914	0.783	1.337	1.111	1.024	1.391	0.999
技术进步指数	1.119	1.058	1.304	0.977	0.878	1.090	0.965	0.881	0.748	1.326	1.049	1.108	1.877	0.868
技术效率变化指数	1.023	1.094	0.982	0.854	1.302	1.043	0.931	1.037	1.046	1.008	1.059	0.924	0.741	1.151

图5-3　2006～2019年高端制造业全要素生产率指数、技术进步指数、

技术效率变化指数趋势

资料来源：笔者整理。

从全要素生产率及其分解指数的变化趋势来看，2006～2019年，高端制造业全要素生产率指数、技术进步指数、技术效率变化指数的波动较为剧烈。2009年、2012～2014年、2019年，高端制造业全要素生产率指数均小于1；2009年和2012年高端制造业全要素生产率的增长受到技术进步和技术效率降低的双重拉动，高端制造业全要素生产率增长趋势与技术效率和技术效率变化一致；2013年、2014年和2019年，技术进步增长为负值，技术效率则得以提高，但技术进步对全要素生产率增长的负作用大于技术效率提高对全要素生产率增长的正向作用，因此，全要素生产率指数的变化方向仍与技术进步指数一致。

综上所述，2006～2019年，无论是资源型产业、传统制造业还是高端制造业，其全要素生产率指数、技术进步指数、技术效率变化指数整体上均呈现增长态势，传统制造业全要素生产率的增长高于高端制造业和资源型产业；三种类型产业全要素生产率的增长均主要得益于技术进步的拉动作用，但技术进步对全要素生产率的贡献度有所差异，资源型产业技术进步的贡献度高于高端制造业和传统制造业。

二、资源型产业集群与制造业产业集群对经济增长影响的模型构建

1. 模型设定

前文的研究结果显示，资源型产业集群与制造业产业集群的集聚水平和表征经济增长的全要素生产率指数都存在显著差异。本章主要考察资源型产业集群与制造业产业集群是如何影响经济增长的。重点比较分析资源型产业、制造业（传统制造业、高端制造业）产业集群对经济增长影响的异同。

新经济地理理论认为产业集群是影响经济增长——全要素生产率高低的重要因素。事实上影响全要素生产率的因素很多，包括研发投入、人力资本、出口贸易、外商投资、行业所有制结构、行业规模等。此外，为考察产业集群对经济增长的动态影响，检验集群对经济增长的影响是否具有滞后性，本章在综合考虑了上述影响因素的基础上，构建了产业集群对经济增长影响的动态模型，设定面板数据模型为如下形式：

$$Y_{it} = \alpha_0 + \alpha_1 AGG_{it} + \alpha_2 AGG_{it-1} + \alpha_3 X_{it} + \delta_{it} \tag{5-6}$$

其中，被解释变量 Y 表示经济增长，这里用资源型产业与制造业的全要素生产率增长指数（TPFG）表示，通过前文的分析可知，全要素生产率增长指数由技术进步指数（TECHG）与技术效率变化指数（EFFG）相乘得到，且普遍认为，有两种情况可促使全要素生产率提高：一是在技术水平不变的情况下提高技术效率，使产出水平逐渐接近现有技术条件下的最大生产可能临界值；二是源自最大生产可能临界值的提高，即技术进步（邵帅等，2013）。因此，本章除了对产业集群对全要素生产率增长的影响进行实证分析外，还将技术进步和技术效率

引入模型，探讨产业集群分别对两者产生的影响，即产业集群对全要素生产率增长的影响是由于产业集群促进了技术进步，还是由于产业集群改善了技术效率，抑或是两者同时发挥了作用。解释变量 AGG 表示产业集群，产业集群的衡量指标很多且无统一定论，这里用产业集聚度作为产业集群的代理变量。X 表示模型中影响产业经济增长的其他控制变量组成的向量集，本章主要包括滞后一期的全要素生产率增长（$TPFG_{t-1}$）/技术进步（$TECHG_{t-1}$）/技术效率（$EFFG_{t-1}$）、科技创新投入（TECHI）、人力资本积累（HC）、出口贸易（EXPORT）、外商直接投资（FDI）、行业所有制结构（SOE）、行业规模（SCAL），i 表示各行业，t 表示时间序列的年份，$\alpha_0 \sim \alpha_3$ 为待估参数，δ 为随机扰动项。

综上所述，最终所构建的回归模型如下：

$$TFPG_{it} = \alpha_0 + \alpha_1 AGG_{it} + \alpha_2 AGG_{it-1} + \alpha_3 TFPG_{it-1} + \alpha_4 TECHI_{it} + \alpha_5 HC_{it} +$$
$$\alpha_6 EXPORT_{it} + \alpha_7 FDI_{it} + \alpha_8 SOE_{it} + \alpha_9 SCAL_{it} + \delta_{it} \qquad (5-7)$$

$$TECHG_{it} = \alpha_0 + \alpha_1 AGG_{it} + \alpha_2 AGG_{it-1} + \alpha_3 TECHG_{it-1} + \alpha_4 TECHI_{it} + \alpha_5 HC_{it} +$$
$$\alpha_6 EXPORT_{it} + \alpha_7 FDI_{it} + \alpha_8 SOE_{it} + \alpha_9 SCAL_{it} + \delta_{it} \qquad (5-8)$$

$$EFFG_{it} = \alpha_0 + \alpha_1 AGG_{it} + \alpha_2 AGG_{it-1} + \alpha_3 EFFG_{it-1} + \alpha_4 TECHI_{it} + \alpha_5 HC_{it} + \alpha_6 EXPORT_{it} +$$
$$\alpha_7 FDI_{it} + \alpha_8 SOE_{it} + \alpha_9 SCAL_{it} + \delta_{it} \qquad (5-9)$$

其中，$\alpha_0 \sim \alpha_9$ 为待估参数，δ 为随机扰动项。

2. 变量说明

（1）被解释变量：产业全要素生产率增长（TFPG）、技术进步（TECHG）、技术效率改进（EFFG）。本章采用 DEA-Malmquist 指数法，运用 Deap 2.1 软件，对中国 31 个省区市（不包括香港、澳门、台湾地区）各年的资源型产业、传统制造业及高端制造业全要素生产率进行了测算，并将各产业全要素生产率的变化进一步分解为技术进步变化与技术效率变化，以便更清晰地反映出产业集群对全要素生产率变化的作用方向。并在回归过程中将其进行减 1 处理，变换为以百分比为单位的相对于上一年的增长率形式从而得到这三项指标数据。

（2）解释变量：产业集聚度（AGG）。根据研究需要，本部分选取由区位熵指数测算的资源型产业、传统制造业、高端制造业集聚水平。AGG_{t-1} 表示滞后一期的产业集聚水平，用于考察产业集群对经济增长的动态影响。

（3）控制变量：滞后一期的产业全要素生产率增长（$TFPG_{t-1}$）、技术进步（$TECHG_{t-1}$）、技术效率改进（$EFFG_{t-1}$）。DEA-Malmquist 指数表示的是本期全要素生产率及其组成部分较上一期的变动情况（李华敏等，2013），现实也反映出当期的全要素生产率、技术进步及技术效率通常可能受到上一期生产效率的影响，为了捕捉这一动态的"惯性"特征，反映产业经济增长变化的延续性，本章在模型中相应加入资源型产业、传统制造业、高端制造业全要素生产率增长、技术进步和技术效率的一阶滞后项作为控制变量。

科技创新投入（TECHI）。内生经济增长理论认为增加研究与开发（R&D）投入或加强对学习教育的投资所带来的技术创新有利于促进技术进步和生产效率的提高，R&D 投入已成为衡量一个地区或行业创新能力强弱的标准之一，因此，R&D 投入是促进资源型产业及制造业技术进步和提高生产效率的必要条件。本章用各行业 R&D 经费内部支出占行业工业总产值比重这一指标反映资源型产业及制造业科技创新投入水平。

人力资本积累（HC）。众多学者从理论层面和实证角度均验证了人力资本对全要素生产率增长具有积极作用（魏下海，2009；李谷成，2009；夏良科，2010）。第一，人力资本投入通过提高劳动者受教育程度、熟练掌握职业技能等途径直接提高全要素生产率水平；第二，人力资本决定着地区或产业的技术创新能力，从而通过提高研发水平和增强技术吸收能力间接影响全要素生产率的提高。本章采用各行业科技活动人员占行业全部从业人员比重来对人力资本积累进行度量。

出口贸易（EXPORT）。Greeaway 和 Kneller（2004）认为企业的"出口中学"能够帮助企业在与国外的生产者和消费者的交流中得到关于改进产品质量、降低生产成本等有利信息；出口有利于企业扩大生产规模；通过在国外市场上的激烈竞争迫使出口企业提高创新水平和生产效率（苏茵茵，2012）。本章采用各行业出口交货值占工业总产值的比重这一指标反映资源型产业及制造业的出口贸易水平。

外商直接投资（FDI）。外商直接投资可带来技术外溢与扩散效应、竞争效应、示范模仿效应、人力资本流动效应，本章引入该指标用于考察区域的对外开放程度能否影响产业的经济增长。本章采用各行业外商投资与港澳台投资之和占行业总产值的比重来反映外资利用水平。

行业所有制结构（SOE）。Jefferson 等（2003）、刘小玄和李双杰（2008）研究发现，产业国有比重越高，其生产率越低，两者之间呈显著的负相关关系，国有企业的低效率在一定程度上降低了社会的整体效率。本章采用国有及国有控股工业企业的工业总产值占该行业总产值的比重来表征所有制结构变量。

行业规模（SCAL）。行业规模的扩大一方面可能促进本行业采用先进技术推动行业的经济增长；另一方面对于上游行业和下游行业来说，分别意味着需求和供给的增加，这些都可能促进该行业的经济增长。本章采用各行业的主营业务收入占工业总产值的比重来衡量行业规模。

3. 计量方法

对面板数据进行参数估计最常用的方法是固定效应和随机效应模型。但本章的动态面板数据模型可能存在因引入的被解释变量滞后项与随机扰动项相关而产生的内生性问题，解决动态面板模型的内生性问题，保证所得估计结果的无偏一致性，这两种传统方法并非有效。此时，广义矩估计（GMM）方法则是更好的选择。

早期的 GMM 估计方法为差分广义矩估计（DIF-GMM）（Arellano and Bond，1991），先对方程进行差分以消除固定效应的影响，然后在假设原始动态模型的随机扰动项序列不相关的情况下，以解释变量的滞后变量作为差分方程中相应的工具变量来解决动态面板模型的内生性问题。但是，当时间序列连续且时间跨度小时，该方法极易受到弱工具变量的影响从而产生有偏的参数估计结果，且会损失一部分样本信息。为弥补这一缺陷，Blundell 和 Bond（1998）提出了系统广义矩估计（SYS-GMM）方法，该方法同时考虑了差分方程和水平方程，工具有效性更强（踪家峰等，2012），即使在不引入外部工具变量的情况下，也能从变量的历史变化中选取合适的工具变量（魏国学等，2010），极大地提高了估计的精度和效率。Roodman（2006）指出，SYS-GMM 方法对模型中含有被解释变量滞后期、部分或全部解释变量内生、每个截面个体的随机扰动项可能存在不同的异方差和序列相关模型都是适用的。

GMM 方法可以分为一阶段和两阶段估计，Blundell 和 Bond（1998）指出，两阶段估计结果较一阶段估计更为有效，但同时也存在估计量标准误差向下偏移的缺陷。Windmeijier（2005）对有限样本标准差估计进行了改进，使两阶段估计标准误得以纠正，从而令 SYS-GMM 的两阶段估计比一阶段估计更稳健、适用。此外，SYS-GMM 估计结果一致与否取决于工具变量是否有效，因此，必须对工具变量的过度识别限制问题进行 Hansen 检验，以及使用 Arellano-Bond 检验（以下简称 AB 检验）对工具变量选择的合理性进行判断。若 Hansen 检验结果接受了原假设，即工具变量有效（Hansen 统计量的 p 值≥0.1），且 AB 检验结果显示随机误差项不存在二阶序列相关［即 AR（1）统计量的 p 值<0.1 且 AR（2）统计量的 p 值>0.1］，则说明工具变量有效，模型设定合理。综上所述，本章采用两阶段 SYS-GMM 方法对选取的工具变量是否有效进行统计检验，在此基础上对模型（5-7）、模型（5-8）、模型（5-9）进行参数估计。

三、资源型产业集群与制造业产业集群对经济增长的影响分析

表 5-2 为采用两阶段系统 GMM 方法对资源型产业、传统制造业、高端制造业集群对经济增长影响的回归分析结果。被解释变量分别为资源型产业、传统制

表5-2 资源型产业、传统制造业与高端制造业集群对经济增长影响的回归分析结果

解释变量	资源型产业			传统制造业			高端制造业		
	全要素生产率增长	技术进步	技术效率改进	全要素生产率增长	技术进步	技术效率改进	全要素生产率增长	技术进步	技术效率改进
	模型 1	模型 2	模型 3	模型 4	模型 5	模型 6	模型 7	模型 8	模型 9
AGG	0.698*	−0.373*	0.498*	0.817*	−0.019	0.317*	1.177**	0.162*	0.505*
	(1.694)	(0.542)	(0.382)	(0.255)	(0.001)	(0.076)	(0.853)	(0.898)	(0.399)
AGG_{t-1}	−0.375*	0.546	−0.373*	−0.257*	0.073*	−2.030	−0.098	1.252*	−1.354
	(0.202)	(0.560)	(0.542)	(0.088)	(0.313)	(1.583)	(0.262)	(0.973)	(0.701)
$TFPG_{t-1}/TECHG_{t-1}/EFFG_{t-1}$	−0.113*	−0.083*	−0.311***	−0.282***	−0.227***	−0.347***	−0.380***	−0.375***	−0.351***
	(0.256)	(0.097)	(0.097)	(0.093)	(0.097)	(0.091)	(0.091)	(0.089)	(0.094)
TECHI	−12.208***	−15.389***	11.215***	5.525*	6.793*	4.712	8.794**	15.610*	3.174*
	(4.256)	(8.754)	(2.641)	(0.438)	(0.561)	(2.850)	(3.947)	(12.666)	(2.706)
HC	1.949*	0.989	3.592**	3.322**	4.113***	0.528	2.908***	1.502*	1.265**
	(0.158)	(0.513)	(1.454)	(1.422)	(1.532)	(1.078)	(0.784)	(0.886)	(0.535)
EXPORT	−0.059	−0.352	−0.157	−0.021	−0.048	0.116	0.475***	0.655***	−0.163
	(0.038)	(0.551)	(0.282)	(0.165)	(0.175)	(0.109)	(0.157)	(0.177)	(0.113)
FDI	−0.894*	−1.043*	0.527	−1.213*	−1.207*	−0.258	−0.494*	0.154	−0.290*
	(0.013)	(0.363)	(0.573)	(0.475)	(0.511)	(0.354)	(0.479)	(0.132)	(0.348)
SOE	−0.071*	−0.313*	−0.036	−0.022	−0.264	−0.005	−1.080*	1.246*	−1.116**
	(0.019)	(0.224)	(0.015)	(0.059)	(0.514)	(0.039)	(0.428)	(0.415)	(1.300)

续表

解释变量	资源型产业			传统制造业			高端制造业		
	全要素生产率增长	技术进步	技术效率改进	全要素生产率增长	技术进步	技术效率改进	全要素生产率增长	技术进步	技术效率改进
	模型 1	模型 2	模型 3	模型 4	模型 5	模型 6	模型 7	模型 8	模型 9
SCAL	-0.003	-0.008	0.003*	0.211	-0.215	0.244	0.080*	0.204*	0.201*
	(0.002)	(0.007)	(0.002)	(0.314)	(0.231)	(0.142)	(0.124)	(0.156)	(0.097)
常数项	1.114***	1.154***	1.285***	1.295***	1.413***	1.123***	1.168***	1.362***	1.173***
	(0.099)	(0.117)	(0.100)	(0.248)	(0.256)	(0.161)	(0.169)	(0.187)	(0.122)
AR (1) 检验值	-2.380	-3.450	-2.760	-3.010	-3.190	-2.890	-2.860	-2.750	-3.240
(P)	(0.000)	(0.000)	(0.000)	(0.000)	(0.000)	(0.000)	(0.000)	(0.000)	(0.000)
AR (2) 检验值	0.870	0.690	0.650	0.730	0.780	0.660	0.680	0.710	0.810
(P)	(0.112)	(0.312)	(0.307)	(0.405)	(0.396)	(0.373)	(0.359)	(0.429)	(0.253)
Hansen 检验值	208.330	216.540	214.390	229.730	242.790	233.650	240.890	225.380	205.690
(P)	(1.000)	(1.000)	(1.000)	(1.000)	(1.000)	(1.000)	(1.000)	(1.000)	(1.000)
估计方法	SYS-GMM	SYS-GMM	SYS-GMM	SYS-GMM	SYS-GMM	SYS-GMM	SYS-GMM	SYS-GMM	SYS-GMM

注：系数下方括号内数值为其标准误差；***、**、* 分别表示 1%、5% 和 10% 的显著水平。

资料来源：笔者整理。

造业、高端制造业的全要素生产率增长、技术进步增长、技术效率增长。表5-2中9个模型的Hansen统计量的p值均为1，AR（1）统计量的p值均为0，小于0.1，且AR（2）统计量的p值分别为0.112、0.312、0.307、0.405、0.396、0.373、0.359、0.429、0.253，均大于0.1，则验证模型1至模型9的Hansen统计量均不显著，且随机误差显著存在一阶自相关，而不存在二阶自相关，模型均不存在工具变量过度识别问题，说明模型设定合理且选取的工具变量有效。

　　首先，观察解释变量产业集群及其滞后一期项对产业全要素生产率、技术进步和技术效率的影响。

　　当期的资源型产业、传统制造业、高端制造业集群均显著提高了各产业的全要素生产率，资源型产业、传统制造业、高端制造业集聚水平每提高1个百分点，可分别拉动相应产业全要素生产率提高0.698个、0.817个、1.177个百分点。但是资源型产业、传统制造业、高端制造业集群对经济增长的影响在不同时期显现出不同的作用方向，滞后一期的资源型产业集群、传统制造业集群对全要素生产率的影响显著为负，虽然高端制造业集群对全要素生产率的负向影响不显著，但也可以理解为滞后一期的高端制造业集群有阻碍全要素生产率增长的趋势，也就是说，上一期的资源型产业、传统制造业、高端制造业集聚程度每提高1个百分点，会导致当期相应产业全要素生产率分别降低0.375个、0.257个、0.098个百分点。该结果说明，无论是资源型产业、传统制造业还是高端制造业，其产业集群对全要素生产率的影响均呈动态性变化，产业集群的集聚效应与拥塞效应同时发挥作用，而对产业全要素生产率的最终影响则取决于两种效应的强弱。通过实证研究发现，期初集聚效应在三种类型产业的集群发展中均发挥主导作用，由当期各产业集群对全要素生产率的影响系数可知，期初集聚效应最明显的为高端制造业，其次为资源型产业，传统制造业的集聚效应位列最末。一方面，产业在集群发展初期，随着集群企业数量的增多、地理位置的邻近，企业间的相互联系更为密切、交易费用不断降低、市场规模持续扩大、专业化分工程度进一步提高、集群企业的社会资本及社会文化环境逐渐趋同，产业集群依托规模优势迅速成长，从而集群的规模效应、知识溢出等正反馈机制优势得以显现，产业集群对经济增长产生积极的拉动作用；此外，由于资源型产业的发展以自然资源禀赋为基础，传统制造业的发展以密集劳动力为依托，高端制造业的发展以人才、技术为支撑，企业在某一区域集聚，势必会导致该地区的竞争加剧，由于不同企业的生产效率存在差异，企业发展的"自我选择"机制将发挥重要作用，促使要素由生产效率低的企业向生产效率高的企业转移，实现资源的优化配置，迫使生产效率低的企业退出集聚区，从而提高了集群内产业整体的生产率。另一方面，滞后一期的资源型产业、传统制造业集群出现了明显的拥塞效应，则说明目前资源型产业的发展仍大力依赖于资源优势，传统制造业的发展也离不开较低水平的劳动力要素，资源、劳动力等要素会被集群内企业分摊、消耗，因此，资源优势、劳动力优势随着集群内企业的增多而不断削弱，企业可持续发展的后劲不足，企业进入衰退期的时间较快，拥塞效应因此逐步显现，这是许多传统资源型城市陷入矿竭城衰的路径，也是东部地区传统制造业集群向西部地区扩散转移的原因。

将产业全要素生产率增长指数进一步分解为技术进步指数与技术效率改进指数的乘积，分别重点考察资源型产业、传统制造业、高端制造业集群对各自产业技术进步与技术效率改进的影响。

针对产业技术进步指数的回归结果显示：传统制造业集群及其滞后一期项的回归系数分别为-0.019和0.073，均通过了10%的显著性水平检验，说明初期经济发展水平制约了传统制造业集群对技术进步的积极影响，集群对传统制造业技术进步提升的作用会随着经济发展水平的提高而逐步增强；资源型产业集群及其滞后一期项的回归系数分别为-0.373和0.546，前者通过了10%的显著性水平检验，后者则未通过显著性水平检验，说明经济发展同样也制约了资源型产业集群对技术进步的积极影响，但这种制约作用会随着经济发展而日渐减弱，集聚的积极效应会逐步显现，但与传统制造业相比，对于资源型产业来说，集群对技术进步的正向溢出效应显现得还不明显；高端制造业集群及其滞后一期项的回归系数分别为0.162和1.252，均通过了10%的显著性水平检验，说明与传统制造业和资源型产业不同，高端制造业集群对技术进步的溢出效应始终为正，且正向的积极效应会随着经济发展水平的提高而增强。对于传统制造业和资源型产业来说，在集群发展初期，产业集群并没有真正从根本上促进企业间的经济技术联系，在一定程度上企业的集群仍然只是单纯的"扎堆"，企业间的技术溢出效应较薄弱，因而产业集群并没有显著促进技术进步。随着企业可持续发展意识的增强，企业逐渐意识到了高素质人力资本、科技创新、开放市场的正向溢出效应对产业健康持续发展的积极作用，因此，企业逐步转变传统的以投入大量低素质劳动力和物质资本为主的发展模式，开始重视人才、技术对产业发展的贡献，这就使集群内企业能够有效地获取技术、知识溢出效应，从而技术进步对产业全要素生产率提升的作用逐渐增大。由于资源型产业更多地依赖自然资源及以初级加工为主的发展方式，对技术进步需求的迫切程度相对较低，因此，资源型产业集群对技术进步的正向溢出效应不明显。而高端制造业的发展则以技术为核心，因此高端制造业的集群有效促进了信息、知识、技术、人才在集群内交流与传播，促使集群对经济增长的积极影响得以在短时间内有效发挥出来，并产生"马太效应"。

针对产业技术效率改进指数的回归检验结果显示：资源型产业集群及其滞后一期项的回归系数分别为0.498和−0.373，传统制造业集群及其滞后一期项的回归系数分别为0.317和−2.030，均通过了10%的显著性水平检验，高端制造业集群的回归系数为0.505，通过了10%的显著性水平检验，其滞后一期项的回归系数为−1.354，未通过显著性水平检验。表明产业集群对于技术效率改进的影响存在递减效应，对于高端制造业集群来说递减效应不明显，所得结果与针对三种类型产业全要素生产率的估计结果相同，因此从侧面表明，资源型产业与传统制造业集群对技术效率变化的影响主导了对技术进步所产生的影响，也就是说，资源型产业与传统制造业集群对技术效率变化的作用为主要方向，而对于高端制造业来说，其当期集群对技术进步与技术效率改进的双重积极影响共同促进了全要素生产率水平的提高，产业集群的滞后一期项对全要素生产率的影响则由技术效率主导。在三种类型的产业集群中，相比资源型产业与传统制造业，高端制造业集群虽然对技术进步的溢出效应更为显著，但随着集群的发展，仍显现出效率降低的趋势。以上结果可能与目前产业集群的集聚类型有关。集聚可分为水平型集聚和垂直型集聚两种类型（王丽丽和范爱军，2009），水平型集聚表现为处于同一生产阶段、技术相似的同种类型企业在地域上的集中，基于这种集聚类型的产业集群有利于企业间技术外溢和扩散，集群范围内的企业能够通过技术人员的交流和信息技术的共享便捷地获得新技术、新成果，而相对容易地获取并掌握新技术、新成果，减弱了企业进行技术创新的动力，转而依靠扩大企业规模、调整企业结构、改进管理方式等途径提高企业的生产效率。集聚的另一种形式为垂直型集聚，这种集聚类型的产业集群表现为处于不同生产阶段、不同技术的不同类型企业的地域性集中，这种集聚类型的产业集群使行业的上下游企业间形成紧密的产业链，链条企业发展目标的一致性有助于技术研发和外溢，进而促进整个行业的技术进步。目前，由于我国资源型产业与传统制造业结构单一、供应链短，产业集群的集聚类型更多地表现为水平型，因此资源型产业与传统制造业全要素生产率的提高主要依靠技术效率的改进而不是技术进步，即使是高端制造业，也多处于水平型集聚向垂直型集聚转型阶段，与集聚的高级水平还存在一定差距。但结合针对技术进步模型的分析不难看出，随着经济的发展、企业家意识的提升，无论何种类型产业的发展，都将对技术进步的重要性逐渐加以重视，技术效率改进对全要素生产率的贡献也因此逐渐降低。

其次，观察控制变量中的滞后一期被解释变量的影响系数。可以看出，滞后一期的资源型产业、传统制造业、高端制造业的全要素生产率增长、技术进步和技术效率改进的系数均显著为负，这一结果是可以理解的，上一年全要素生产率、技术进步、技术效率的变动会负向影响当年的变动情况，这是由于如果上一年三个指标增长较快，必然缩小下一年的提升空间；反之，如果上一年增速较慢，下一年的提升空间就会较大，存在明显的路径依赖，动态面板模型将这种"惯性"效应与产业集群和其他控制变量对全要素生产率、技术进步、技术效率改进的影响分离开来，使估计结果更为准确（高丽娜，2012）。

最后，观察其他控制变量的影响系数。

科技创新投入有力地推动了高端制造业和传统制造业全要素生产率的增长，两个产业的科技创新投入水平每提高1个百分点，将促进全要素生产率增长分别在5%、10%的显著性水平上提高8.794%和5.525%，从显著性水平及系数值的大小来看，科技创新投入对高端制造业的影响程度大于对传统制造业的影响程度。对于高端制造业来说，科技创新投入显著地促进了其技术进步与技术效率的提高，尤其是对技术进步的促进作用更大；对于传统制造业来说，科技创新投入仅促进了其技术进步，而对提升技术效率的作用则不明显。但关于科技创新投入对资源型产业发展的影响研究，得出的结论与学者的普遍观点不一致，科技创新投入显著阻碍了资源型产业全要素生产率的增长和技术进步，当资源型产业科技创新投入水平每提高1个百分点，反而令其全要素生产率增长和技术进步分别下降了12.208%和15.389%，但对技术效率的正向影响较大，促使技术效率提高了11.215%，说明由于资源型产业的产业链短、结构单一，对技术水平要求不高，科技创新投入对技术进步的积极作用尚未得到充分显现，但对技术效率的提高有一定的积极作用。

与学者的普遍观点一致，人力资本积累的溢出效应有力地推动了各产业全要素生产率的增长，其系数均为正值并基本显著，当资源型产业、传统制造业、高端制造业的人力资本积累每提高1个百分点，将推动各产业全要素生产率增长分别提高1.949%、3.322%和2.908%。但人力资本积累推动各产业全要素生产率增长的途径有所差异，对于资源型产业来说，人力资本积累通过促进技术效率的提高而对全要素生产率产生积极作用，对于传统制造业来说，人力资本积累对全要素生产率增长的正向影响是通过促进技术进步而实现的，对于高端制造业来说，人力资本积累同时推动了其技术进步和技术效率的提高，且对技术进步的推动作用更为显著。

出口贸易对资源型产业和传统制造业全要素生产率增长、技术进步和技术效率改进的影响均不明显，但显著促进了高端制造业的全要素生产率增长和技术进步，高端制造业出口贸易每提高 1 个百分点，将促进其全要素生产率增长和技术进步分别提高 0.475%、0.655%，说明出口贸易通过发挥竞争机制、规模经济效应和推动技术进步促进了高端制造业的发展。

外商直接投资对资源型产业、传统制造业、高端制造业全要素生产率增长的影响基本显著为负，说明外商直接投资对三种类型产业均没有表现出技术扩散或正向技术外溢效应，反而显著抑制了全要素生产率的增长。对于资源型产业来说，原因可归结为以下两点：第一，我国国有企业对煤炭、石油、天然气等关系国家经济安全命脉的资源在开采、生产、使用等环节具有绝对的垄断权，这些资源型产业的进入壁垒非常高，从而导致资源型产业吸引外资的能力较弱；第二，一个地区的资源型产业发展较快，集聚度较高，就容易挤出制造业发展，而制造业是吸引外资的重要部门，因此，制造业的萎缩进一步降低了资源型产业的引资能力。对于制造业来说，制造业吸引了我国 60% 以上的外资，但无论是传统制造业还是高端制造业，吸收国际技术的能力均较低。此外有研究表明，外商直接投资的技术溢出效应与人力资本积累的阈值效应有关，只有当人力资本积累到一定程度时，技术进步才能通过引进外资的溢出效应得以显现，以 2014 年为例，我国资源型产业、传统制造业、高端制造业的人力资本积累分别只有 2.14%、2% 和 6.45%，人力资本积累水平还较低，尚未达到阈值，因此也导致了外资的溢出效应无法发挥。

以国有经济比重表征的行业所有制结构与资源型产业、高端制造业的全要素生产率增长呈显著的负相关关系。对于资源型产业来说，国有经济比重较高阻碍了产业的技术进步，体现出政府在不合理的范围干预资源型产业的发展，政府的过度干预缺乏效率，很长一段时间以来资源型产业的价格背离其价值，导致资源型产业政策性亏损，过度的政府干预可能通过引发寻租行为、政府规模膨胀和腐败行为导致资源配置失衡、市场活力不足、技术创新缺乏动力，因此阻碍了全要素生产率的增长。对于高端制造业来说，国有经济比重对其产业发展产生负向影响的主要原因是国有企业较低的技术效率拉低了整个产业的技术效率水平。但与资源型产业不同的是，国有经济有利于高端制造业的技术进步，国有经济占比越大，其技术进步越快，这是因为在我国现存的经济金融体制下，国有企业会享受到很多有利的、特有的扶持政策，它可以相对更加容易地获得政府或金融机构的政策和资金支持，使自身在研发和创新方面得到更有保障的资金支持，充足的资金支持和优越的政策环境在推动其技术开发的同时，也会帮助国有企业引进更多的先进技术，所以，国有经济在高端制造业的比重越高，越有利于产业内技术的进步。此外，Zheng 和 Hu（2004）研究发现，寻租机会出现和增多会诱使国有企业更多地引进国外先进的工艺设备，虽然这些都会推动高端制造业的技术进步，但是国有企业在既定技术条件下的效率改进能力不足、改革方案的制定和落实情况较差，效率低下的特点较为明显，从这个角度来看，国有经济占比过大会显著地阻碍高端制造业技术效率的提高（夏良科，2010）。然而对于传统制造业而言，国有经济对全要素生产率、技术进步和技术效率改进的影响均不显著。

行业规模显著促进了高端制造业的全要素生产率增长，是由于行业规模对高端制造业的技术进步和技术效率均具有促进作用，在两者的合力下，行业规模促进了全要素生产率的增长。但行业规模对资源型产业与传统制造业的全要素生产率增长无显著影响，这可能与产业集群的过度集聚有关，目前中国资源型产业与传统制造业已经形成了多个规模较大的集群，前文的研究也已得出，资源型产业主要集聚在西部内蒙古、陕西、甘肃、青海、宁夏、新疆等地区，传统制造业主要集聚在东部江苏、浙江、福建、山东等地区。在一定的条件下，一定区域内的产业集群不会无限地发展与扩张下去，而是存在着一个最优集聚规模，随着集聚规模的不断发展，突破了最优规模，继续发展到一定阶段后很可能会导致产品市场、生产要素、环境资源、基础设施等产生拥挤效应。产业集聚所产生的边际分工效益会被拥挤效应产生的拥挤成本逐渐抵消，不利于集群内企业和产业的发展，从而阻碍全要素生产率的提高。

第二节　资源型产业集群与制造业产业集群影响经济增长的作用机制分析

第一，产业集群的"集聚效应"与"拥塞效应"。产业集群是自 19 世纪末以来备受学术界关注的一种经济现象。无论是马歇尔的外部规模经济理论，Boudeville 的产业区位理论，还是以 Krugman 为代表的新经济地理学理论，都认为聚集力和分散力是决定产业在长期保持均衡稳定分布的两种重要力量：聚集力由循环累积因果效应引起，即当生产要素和优质资源向某一区域集聚时，会产生市场扩大效应和价格指数效应，这两种效应会进一步促使产业向该区域集中，从而又将引起市场规模的扩大和产业集聚；当产业在区域过度集聚时，市场的拥塞效应随即凸显，产生促使产业在区域均匀分布的分散力，各种聚集力和分散力共同作用导致了市场均衡（齐亚伟和陶长琪，2013）。

产业集群可通过外部经济效应和规模经济效应对经济增长产生正向的"集聚效应"。外部经济效应既是产业集群集聚过程发生的原因，又是产业集群产生的结果。外部经济效应的表现之一便是企业间的关联效应。存在投入产出垂直关联的企业出于对企业间关联需求、市场准入门槛、成本因素的考虑，上下游企业乐于共同集聚在某一区域，下游企业由于方便获得上游企业的中间产品而节约成本获益，上游企业容易获得下游的市场需求从而令专业化生产规模化，同样从降低成本中获益。外部经济效应的另一种表现是通过劳动力市场共享降低了企业搜寻劳动者的信息成本、运输成本以及劳动力的培训成本，且企业从市场环境"好"时支付给员工的低工资获得的收益能够超过在市场环境"差"时支付给员工的高工资造成的损失，获得递增收益。产业集群还能通过外部经济效应的知识技术溢出效应促进经济增长。集群内企业由于地理位置邻近、产业文化背景相似、人员交流频繁、信息共享充分，有利于加速显性和隐性知识的流动，促进技术和知识的扩散和传播，从而促进经济的增长。与资源型产业和传统制造业相比，以技术知识创新为基础的高端制造业集群的知识技术溢出效应表现得更为明显（鲁丹和张肖虎，2009）。产业生产规模的扩大将加深劳动分工的专业化程度、加强员工的技术经验积累，降低单位营销、运输、销售成本，提高管理水平和管理效率，扩大市场需求，这些都会引起规模经济效应的产生，从而促进经济增长。

基于弗农的产品生命周期理论，奥地利经济学家 Tichy（1998）提出了产业集群的生命周期理论，认为集群先后经历诞生、成长、成熟与衰退阶段。在衰退阶段，产业集群将导致规模不经济。日本著名经济学家藤田昌久在《空间经济学》一书中提出了集聚周期模型，指出当区域产业集聚超过支撑点时，将出现集聚不经济现象，因此，产业集聚开始减弱（汪彩君，2012）。随着产业集群规模的扩大，资本要素过度密集将导致生产效率下降，如人口的过度集中将导致道路交通拥挤；土地、水电、能源等资源要素会随着集群规模的扩大而逐渐稀缺，导致稀缺资源要素的价格上涨（周圣强和朱卫平，2013）、资源供不应求、环境污染严重等拥挤效应。

第二，产业集群对经济增长的影响具有动态性，"集聚效应"和"拥塞效应"会在不同阶段形成不同的均衡状态，两种效应强弱的博弈结果决定了产业集群对经济增长的作用方向。

当聚集力占主导地位时，产业呈现集聚态势；反之，当分散力成为主导力量时，产业呈扩散态势。一方面，产业在一定规模内集聚能够更容易招聘到符合企业需要的员工、更有效地享受供应商的服务、更及时地获取行业竞争所需信息、更便捷地共享基础设施和公共物品，即产业空间集聚有利于人力资本流动、知识信息外溢、基础设施共享以及技术服务专业化，从而通过集群产生的正向规模效应降低生产成本、促进经济发展、改善生产效率，促使集群内企业以更高的生产率来生产产品或提供服务，获得相对于集群外企业更多的竞争优势，形成集聚经济，不断提高集聚的边际效益。另一方面，当产业过度集聚时，则会引起集群内管理效率降低、资源供给不足、交通拥挤严重以及生活成本上升等负向的拥塞效应，集聚边际效益下降，最终导致集群的规模经济逐渐被规模不经济取代，经济发展在数量和质量双维度的经济效应就会降低，甚至转为负值。因此，产业集群对经济增长的影响具有动态性，集群在形成和发展的不同时期会对经济增长产生不同的影响，不同类型的产业在某区域集聚，会同时产生"集聚效应"和"拥塞效应"，这两种效应会在不同阶段形成不同的均衡状态，前者促进了经济的发展，后者则对经济增长具有阻碍作用（Brulhart and Mathys，2008）。因而，产业集群的两种效应——"集聚效应"与"拥塞效应"孰强孰弱，决定了产业集群对生产率提高及经济增长的作用方向（王晶等，2014）。

第三，根据产业集群的生命周期和"威廉姆森假说"认为，产业集群在初期的形成和发展阶段"集群正效应"占主导地位，在集群后期的成熟和衰退阶段"集群负效应"显现并逐渐代替集群正效应而占据主导地位。

根据生命周期理论可知，产业集群同样具有生命周期，随着推动产业集群动力的变化，产业集群也会经历形成、发展、成熟进而衰退的过程。在产业集群的不同生命周期阶段，其"集聚效应"与"拥塞效应"发挥的作用也不同。在产业集群的形成阶段，促使企业在某一地区集聚的是丰富的自然资源、廉价的劳动力、优越的地理区位、政府的优惠政策等集聚原动力，促使产业集群从无到有，在这一阶段企业在该区域集聚可充分享受利用所需的资源要素来扩大生产规模、提高生产效率，因此，集群的正外部性逐渐显现，"集聚效应"初见端倪。在产业集群的发展阶段，产业集群不断成长壮大，具备了自我强化机制，通过产业集聚，集群内的企业可以获得行业内相对先进的工艺生产技术和更完善的技术设施。同时，集群内通畅、快速、高效的知识信息流通，规模更大、流动性更强、更加专业化的劳动力资源，以及产业内上下游企业间更加紧密的关联性，都会推动集群内经济的发展，提升集群企业的竞争力，进一步促进集群的发展。该阶段产生了基于各种因素的循环累积因果效应，使产业集群的正外部性得以充分发挥，集聚力大于分散力，产业集聚不断加强。在产业集群的成熟阶段，产业集群的"正外部效应"和"自我强化机制"会与集群的"负外部效应"和分散力共存。在产业集群发展到这一阶段后，集群内的土地成本、房屋和场地等共享基础设施价格的上升，会加重企业的负担和成本支出，同时，交通环境及自然环境的恶化、区域内企业间激烈的竞争和企业专业化人力资源的高度流动等，共同构成了产业集群的分散力。产业集群发展到这一阶段后，产业集群的集聚力和分散力基本均衡，区域内产业集群规模很难继续发展和扩大，从而达到了一种相对稳定的状态。在产业集群的衰退阶段，如果产业集群未能形成有效的自我突破、自我强化的发展动力而仍旧依靠集聚的原始动力来维持，那么随着产业集聚的加强，经济社会的发展，这种集聚原始动力带来的优势将不断减弱甚至消失，这时分散力占主导地位，"拥塞效应"凸显，产业集群会趋于分散。

威廉姆森（Williamson，1965）指出，经济集聚在发展初期发挥着重要作用，由于在发展的早期阶段，交通运输、通信设备等基础设施较为落后，且资本市场尚不成熟，该阶段经济活动的空间集聚会显著提高效率水平。随着经济发展水平的提高，集聚因拥塞效应而产生的负外部性开始显现，在经济发展达到某一临界水平后，集聚的影响就变为负方向，会促使经济活动产生空间分散的趋势。产业集群对经济增长影响的作用机制如图 5-4 所示。

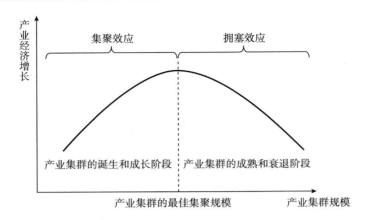

图5-4 产业集群对经济增长影响的作用机制

资料来源：笔者整理。

因此，通过以上对本章资源型产业集群与制造业产业集群对经济增长影响的研究结果进行的合理解释可知，在产业集群的发展初期，集群的正外部性效应占主导地位，资源型产业集群、传统制造业集群以及高端制造业集群均促进了各自产业全要素生产率的增长，由于产业特征的差异，高端制造业的产业关联度最高，其集群对经济增长的正向促进作用大于传统制造业大于资源型产业；随着经济发展水平的提高，产业集群的不断扩大和成长，集群的负外部性效应显现，三种类型的产业集群对全要素生产率增长起到了阻碍作用，虽然对高端制造业发展的阻碍作用尚不明显，但其负向发展趋势已出现，在资源型产业和传统型产业中，资源型产业集群对经济增长的负向影响大于传统制造业。同时，该结论也证明了"威廉姆森假说"在中国的确存在，尤其是在资源型产业和传统制造业中表现得更明显。

第三节 本章小结

本章的主要研究结论有以下三点：

第一，产业集群对经济增长的影响是动态的，资源型产业集群、传统制造业集群以及高端制造业集群在当期均显著促进了经济增长，但滞后一期的三种类型产业集群会抑制行业的经济增长。该研究结论反映了产业集群产生的两种效应——"集聚效应"和"拥塞效应"在不同时期的博弈结果，即初期集聚效应大于拥塞效应，而当集聚过度时，企业间非良性竞争加剧，集群优势被削弱，导致拥塞效应大于集聚效应。这就启示我们无论是资源型产业、传统制造业还是高端制造业的集群发展均应保持在适度合理的范围，一旦集聚过度，反而会产生集群的不经济效应。因此，一方面要合理规划集群内的产业布局，实现资源优化配置，提高各种生产要素的利用效率；另一方面就要对过度集聚或是有过度集聚倾向的产业集群进行转型升级，既可以摆脱原来低端产业过度集聚带来的拥塞效应，又可以有效整合资源，提高产品的附加值，促进该产业甚至该地区的可持续发展。

第二，与资源型产业集群和传统制造业集群相比，高端制造业集群对经济增长的正向促进作用最大，且该正向影响由集群对技术进步与技术效率改进的双重积极影响共同拉动；资源型产业集群和传统制造业集群对行业经济增长的溢出效应仅由技术效率单轮驱动。该结论为后文对资源型产业及制造业集群转型升级路径的研究提供了一定思路，资源型产业集群与传统制造业集群大多属于水平型集聚类型，知识技术溢出效应较高端制造业集群薄弱。因此，这两种类型产业集群转型升级可考虑以具有现代集群特征的高端制造业集群为方向，通过技术创新与吸收、延伸产业链调整产业结构、改进管理方式等途径向经济增长效应更高的集群类型转型升级。但同时也应注意到高端制造业集群发展到一定阶段也会存在拥塞效应，其目前的集聚方式也多处于水平型集聚向垂直型集聚的转型阶段，与集聚方式的高级水平还存在一定的差距，所以高端制造业集群也应寻求适宜的转型升级发展路径，规避拥塞效应的产生。

第三，在影响行业经济增长的控制变量中，人力资本积累促进了所有行业的经济增长，科技创新投入促进了传统制造业和高端制造业的经济增长，出口贸易、行业规模对高端制造业的经济增长具有积极作用；外商直接投资阻碍了所有行业的经济增长，科技创新投入对资源型产业的经济增长起阻碍作用，行业所有制结构对资源型产业和高端制造业的经济增长产生负向作用。不同类型产业集群在转型升级的发展过程中既要吸收强化能够促进行业经济增长的积极因素，又要通过有效途径将阻碍经济增长的负向因素转变为正向因素，并合理地加以利用，从产业集群自身及外部多渠道入手，整合优化社会资源促进各类型产业集群转型升级。

第六章　资源型产业集群与制造业产业集群的转型升级路径异同分析

本章在前文研究的基础上，首先，运用门槛回归方法对资源型产业集群与制造业产业集群转型升级的最佳时机进行研判，识别出资源型产业集群、制造业产业集群（包括传统制造业集群和高端制造业集群）转型升级的最佳规模阈值和亟待进行转型升级的区域；其次，基于产业集群转型升级的两种思路，根据地方产业集群自身特征从集群本身寻找转型升级的内部路径和基于全球价值链视角进行转型升级的外部路径，提出分别以内部路径、内部路径和外部路径、外部路径为主的资源型产业集群、传统制造业集群以及高端制造业集群差异化的转型升级演化路径。

第一节　资源型产业集群与制造业产业集群转型升级的时机研判

根据前文对资源型产业集群与制造业产业集群对经济增长影响的研究发现，资源型产业集群与制造业产业集群对经济增长的影响均具有动态特征，期初集聚效应大于拥塞效应，而当集聚过度时，拥塞效应则大于集聚效应，说明产业集群对经济增长的影响并非只是起单向线性的促进或阻碍作用,两者更可能存在某种形式的非线性关系。这就要求资源型产业集群与制造业产业集群应寻求适度的集聚发展规模,在此基础上积极发挥集群的正向溢出效应,而一旦集聚超过这一规模,就意味着产业集群的规模经济转变为规模不经济,若要实现产业集群的可持续发展,则应在产业集群发挥的正向溢出效应被拥塞效应取代的临界值时或在达到临界值之前进行转型升级,规避集群的过度集聚带来的规模不经济效应。因此,首先应测算令集聚效应发生结构性转变的拐点,即在多大的集聚水平下集群的集聚经济会由"规模经济"转变为"拥塞效应",而集群的这一最优集聚规模阈值,即集群效应发生结构性转变的这一拐点,本章称之为产业集群转型升级的最佳"时机",用"时机"一词能够更形象地反映出产业集群转型升级的动态演化过程。当产业集群动态演进到某一时点的时候就达到了集群效应发生结构性转变的一个拐点,也就是集群转型升级的最佳规模阈值,因此,这一"时点"即"拐点"就是产业集群转型升级最佳"时机"的含义。通过对产业集群这一最佳集聚规模阈值的识别,研判资源型产业集群与制造业产业集群在发展到什么程度、什么规模、什么阶段的时候应该进行转型升级,如图6-1所示。

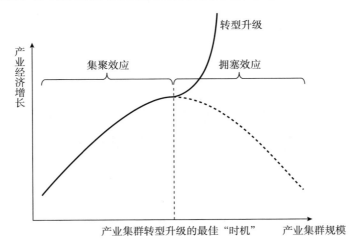

图6-1 产业集群转型升级的最佳"时机"

资料来源:笔者整理。

一、产业集群转型升级时机的研判方法

本章选择门槛面板回归方法以识别资源型产业集群与制造业产业集群的转型升级时机。其中门槛面板回归方法由 Hansen（1999）提出，最大的优点是不需给出非线性方程的具体形式，样本数据可内生决定门槛个数及门槛值。在此，本章构建如下单一门槛面板回归模型：

$$TFPG_{it} = \eta_0 + \eta_{11} AGG_{it} L(AGG_{it} \leq \lambda_1) + \eta_{12} AGG_{it} L(AGG_{it} > \lambda_1) + \omega_i + \mu_{it} \qquad (6-1)$$

其中，$TFPG_{it}$ 表示资源型产业、传统制造业、高端制造业的全要素生产率增长，AGG_{it} 表示产业集聚度，η_0 为待估参数，η_{11} 和 η_{12} 分别为 AGG 在门槛值两侧的区制中对全要素生产率增长的影响系数；λ_1 为单一门槛值；L（ · ）为示性函数，当满足括号中的条件时，L（ · ）取值是 1，否则是 0；ω_i 为地区个体效应；μ_{it} 为随机扰动项。

Hansen（1999）所提出的门槛面板回归方法是基于固定效应模型，通过渐进分布理论设定待估参数的置信区间，并运用自举法对门槛效应的显著性进行检验（周圣强和朱卫平，2013）。由于本章主要考察的是不同水平的资源型产业、传统制造业、高端制造业集群对全要素生产率增长的直接非线性影响，因此将门槛变量设定为产业集群本身，这里使用由区位熵计算得出的产业集聚度表征。式（6-1）只适用于单一门槛的情况，当假设存在双重门槛时，模型可设定为：

$$TFPG_{it} = \eta_0 + \eta_{11} AGG_{it} L(AGG_{it} \leq \lambda_1) + \eta_{12} AGG_{it} L(\lambda_1 < AGG_{it} \leq \lambda_2) + \eta_{13} AGG_{it} L$$
$$(AGG_{it} > \lambda_2) + \omega_i + \mu_{it} \qquad (6-2)$$

其中，$\lambda_1 < \lambda_2$。在式（6-2）的基础上可进一步类推出多重门槛模型形式，在此不一一列出。显然，资源型产业集群同制造业集群与全要素生产率之间非线性关系的走势可以通过各门槛区制对应的系数符号的正负性及其系数值的大小和显著性予以判断。

二、资源型产业集群与制造业产业集群转型升级的最佳集聚规模阈值研判

为判断模型门槛值的数量及系数的变动趋势，可根据 Hansen 构造的门槛模型的 F 统计量进行识别，资源型产业集群、传统制造业集群以及高端制造业集群的门槛效应的检验结果如表 6-1 所示。

表 6-1　资源型产业集群的门槛效应检验结果

模型	F 值	p 值	BS 次数	临界值		
				1%	5%	10%
单一门槛	56. 110**	0. 020	300	37. 765	47. 355	61. 640
双重门槛	14. 350	0. 163	300	15. 001	18. 595	36. 896
三重门槛	12. 650	0. 180	300	15. 346	18. 767	33. 451

注：**表示 5% 的显著水平，BS 次数指的是在门槛自抽样的次数。
资料来源：笔者整理。

如表 6-1 所示，通过模型的门槛效应检验结果可知，模型在单一门槛的检验中通过了 5% 显著性水平的假设检验，但是双重门槛和三重门槛均没有通过 F 统计量的显著性水平检验，因此针对资源型产业集群的门槛回归模型，可将其设定为单门槛面板模型，门槛变量资源型产业集群的门槛值为 1.189。

如表 6-2 所示，由对传统制造业集群模型的门槛效应检验结果可知，同资源型产业的估计结果类似，模型只在单一门槛的检验中通过了 1% 显著性水平的假设检验，双重门槛和三重门槛均未通过 F 统计量的显著性水平检验，因此针对传统制造业集群的门槛回归模型，也可将其设定为单门槛面板模型，门槛变量传统制造业集群的门槛值为 0.683。

表 6-2　传统制造业集群的门槛效应检验结果

模型	F 值	p 值	BS 次数	临界值		
				1%	5%	10%
单一门槛	40. 680***	0. 000	300	16. 489	20. 550	26. 296

续表

模型	F 值	p 值	BS 次数	临界值		
				1%	5%	10%
双重门槛	8.610	0.360	300	14.832	18.382	27.650
三重门槛	7.160	0.837	300	36.661	49.498	69.699

注：＊＊＊表示1%的显著水平，BS次数指的是在门槛自抽样的次数。

资料来源：笔者整理。

如表6-3所示，对高端制造业集群模型的门槛效应检验结果可知，同资源型产业和传统制造业的估计结果不同，模型在单一门槛和双重门槛的检验中分别通过了5%和10%的显著性水平检验，但三重门槛的检验结果不显著，因此针对高端制造业集群的门槛回归模型，可将其设定为双门槛面板模型，门槛变量高端制造业集群的两个门槛值分别为1.246和1.383。

表6-3　高端制造业集群的门槛效应检验结果

模型	F 值	p 值	BS 次数	临界值		
				1%	5%	10%
单一门槛	53.590＊＊	0.007	300	16.323	19.605	24.875
双重门槛	40.680＊	0.043	300	32.822	44.793	87.000
三重门槛	5.910	0.740	300	18.810	22.132	38.972

注：＊、＊＊分别表示10%、5%的显著水平，BS次数指的是在门槛自抽样的次数。

资料来源：笔者整理。

根据三个模型的门槛效应检验结果，分别将模型设定为两个单一门槛模型和一个双重门槛模型。对于资源型产业，分别在集聚水平位于1.189及以下和1.189以上对模型系数进行回归估计；对于传统制造业来说，分别在集聚水平位于0.683及以下和0.683以上对模型系数进行回归估计；对于高端制造业，分别在集聚水平位于1.246及以下、大于1.246小于等于1.383、1.383以上对模型系数进行回归估计，以分别考察不同类型产业的集聚规模在各区制内对各自产业全要素生产率作用方向及影响程度的差异，以识别各产业集群转型升级的最佳时机。模型估计结果如表 6-4 所示。

表 6-4　资源型产业与制造业集群的门槛模型估计结果

解释变量	资源型产业	传统制造业	高端制造业
常数项	0.912***	1.239***	1.454***
RAGG≤1.189	0.786***		
RAGG>1.189	-0.435***		
TAGG≤0.683		0.370***	
TAGG>0.683		-0.241*	
HAGG≤1.246			0.347*
1.246<HAGG≤1.383			0.863*
HAGG>1.383			-1.551

注：***、* 分别表示 1%、10% 的显著水平。
资料来源：笔者整理。

如表 6-4 所示，从模型的估计结果来看，当资源型产业的集聚水平低于或等于门槛值 1.189 时，资源型产业集群在 1% 的显著性水平下促进了行业全要素生产率的增长，资源型产业集聚水平每提高 1%，将促进全要素生产率增长 0.786%。但当集聚水平跨过门槛值 1.189 时，资源型产业集群对全要素生产率增长在 1% 的显著性水平下产生了负向影响，资源型产业集聚水平每提高 1%，行业全要素生产率将降低 0.435%。因此，可得出结论，资源型产业集群的最佳集聚规模阈值为 1.189，当集聚度超过这一规模时，集群的规模不经济效应就会显现，所以当资源型产业的集聚水平超过这一临界值时就应考虑进行转型升级。

当传统制造业的集聚水平低于或等于 0.683 时，传统制造业集群在 1% 的显著性水平下促进了行业全要素生产率的增长，传统制造业集聚水平每提高 1%，将促进全要素生产率增长 0.370%。但当集聚水平跨过门槛值 0.683 时，传统制造业集群在 10% 的显著性水平下阻碍了全要素生产率的增长，传统制造业集聚水平每提高 1%，行业全要素生产率将降低 0.241%。因此，可以认为传统制造业集群的最佳集聚规模阈值为 0.683，当集聚度大于 0.683 时应进行转型升级。

当高端制造业的集聚水平低于等于门槛值 1.246 时，高端制造业集群在 10% 的显著性水平下促进了行业全要素生产率的增长，高端制造业集聚水平每提高 1%，将促进全要素生产率增长 0.347%；当集聚水平跨过第一个门槛值 1.246 时，高端制造业集群对全要素生产率增长在 10% 的显著性水平下进一步发挥了正向作用，高端制造业集群产生的积极作用大于前一阶段，其集聚水平每提高 1%，行业全要素生产率将增长 0.863%；当高端制造业的集聚水平跨过第二个门槛值 1.383 时，其对行业全要素生产率增长将产生负向影响，高端制造业的集聚水平每提高 1%，行业全要素生产率将降低 1.551%，但这种负向的阻碍作用尚不显著。据此可认为高端制造业集群转型升级的最佳时机为集聚度处于 1.383 这一规模时，当集聚水平超过这一阈值可适度进行转型升级，以规避未来由于集聚拥塞效应给行业经济增长带来负面影响。

三、资源型产业集群与制造业产业集群亟待转型升级的区域识别

根据资源型产业集群、传统制造业集群、高端制造业集群的门槛模型估计结果，可分别将中国 31 个省区市（不包括香港、澳门、台湾地区）按照各产业集群门槛值的估计结果进行内生性分组，明确在目前的产业集群发展阶段，针对不同类型的产业，研判该产业在哪些地区仍处于集群经济阶段？在哪些地区处于集群不经济阶段，即哪些地区产业集群的集聚水平已超过了最佳规模阈值应进行转型升级？通过对这两个问题的回答识别出亟待进行资源型产业集群与制造业产业集群转型升级的研究区域。

表 6-5、表 6-6、表 6-7 分别是各省份 2019 年资源型产业集群、传统制造业集群、高端制造业集群的内生分组结果。

表 6-5 2019 年各省区市资源型产业集群内生分组

分组依据	地区	合计
RAGG≤1.189	北京、辽宁、吉林、黑龙江、上海、江苏、浙江、安徽、福建、山东、湖北、湖南、广东、广西、海南、重庆、四川、贵州、云南、西藏、陕西	21 个省份
RAGG>1.189	天津、河北、山西、内蒙古、江西、河南、甘肃、青海、宁夏、新疆	10 个省份

资料来源：笔者整理。

表 6-6 2019 年各省区市传统制造业集群内生分组

分组依据	地区	合计
TAGG≤0.683	北京、天津、山西、内蒙古、上海、浙江、海南、重庆、贵州、西藏、陕西、甘肃、青海、宁夏、新疆	15 个省份
TAGG>0.683	河北、辽宁、吉林、黑龙江、江苏、安徽、福建、江西、山东、河南、湖北、湖南、广东、广西、四川、云南	16 个省份

资料来源：笔者整理。

表 6-7 2019 年各省区市高端制造业集群内生分组

分组依据	地区	合计
HAGG≤1.246	天津、河北、山西、内蒙古、吉林、黑龙江、浙江、安徽、福建、江西、河南、湖北、湖南、广西、海南、重庆、四川、贵州、云南、西藏、陕西、甘肃、青海、宁夏、新疆	25 个省份
1.246<HAGG≤1.383	北京、山东、上海、广东	4 个省份
HAGG>1.383	辽宁、江苏	2 个省份

资料来源：笔者整理。

如表 6-5 所示，2019 年资源型产业集聚度小于等于最佳规模阈值 1.189 的省份共有 21 个，占比为 68%，大于最佳规模阈值的省份有 10 个，占比为 32%，基本上均为资源富集地区，说明大多数省份的资源型产业集群的集聚水平仍处在集群经济阶段，少数省份的资源型产业集群存在一定的拥塞效应，亟待转型升级。

如表 6-6 所示，2019 年传统制造业集聚度小于等于最佳规模阈值 0.683 的省份共有 15 个，占比为 48%，大于最佳规模阈值的省份有 16 个，占比为 52%，多为东中部地区，说明大部分东中部省份的传统制造业集群存在规模不经济现象，相应省份可根据自身发展实际情况对传统制造业集群进行结构调整、转型升级。

如表 6-7 所示，2019 年高端制造业集聚度小于等于 1.246 的省份有 25 个，占比为 80.6%，集聚度大于 1.246 小于等于 1.383 的省份有 4 个，占比为 12.9%，集聚度大于 1.383 的省份有 2 个，占比为 6.5%。2019 年，与资源型产业和传统制造业相比，高端制造业集群出现拥塞效应的省份较少，且由于在该区制内，高端制造业集群对全要素生产率增长的负向影响系数不显著，并结合本书第五章中高端制造业集群的滞后一期对全要素生产率增长的阻碍作用未凸显的结论可以看出，对于高端制造业来说，部分省份出现了集群规模不经济的现象，虽尚未明显阻碍产业的经济增长，但也要给予重视，及时调整发展策略，避免随着经济发展水平的提高和集群规模的发展壮大，集群产生的负外部性影响产业和地区的可持续发展。

第二节　资源型产业集群与制造业产业集群 转型升级的演化路径设计

在对资源型产业集群与制造业产业集群转型升级的最佳规模阈值进行研判和对亟待进行转型升级的区域进行识别的基础上，提出资源型产业集群与制造业产业集群转型升级的演化路径。本章关于产业集群的转型升级基于两种思路：一是借鉴苏东水（2000）、钱凯（2009）等的研究思路，针对地方产业集群自身的结构、功能、创新能力等特点，挖掘整合地方性集群资源，从集群本身的情况入手完成集群类型的转型升级，是一种实现产业由低层次向高层次的产业结构高度化转变过程，即内部路径；二是基于全球价值链视角，在经济全球化的背景下，产业集群的发展应积极嵌入全球价值链的体系，从全球经济中实现集群发展的全球化、探寻集群转型升级之路，即外部路径。本章根据资源型产业、传统制造业及高端制造业各自的集群发展特点，选择适宜的集群转型升级发展路径，实现路径创造（严北战，2012）。

所谓资源型产业集群转型升级，就是使集群内的企业从基于资源禀赋的比较优势发展成为基于创新的竞争优势的过程。由于资源型产业集群的经济运行模式单一、技术水平不高、资源利用率低下、环境污染严重，处在价值链的最低端，其转型升级的首要目标是以技术创新为突破口，通过纵向延伸产业链、产品链，摆脱资源路径依赖，实现清洁发展、创新发展。因此，本章认为以资源消耗为核心的资源型低端产业集群，向产业结构更高层次的以高新技术为核心的现代创新型产业集群转型升级的内部路径是较为切实可行的发展路径。对于传统制造业集群，一方面，对于其以低成本为基础、走产业低端发展路线的低成本型产业集群特点，可提高其技术创新水平，扩展产业链，走高端化产业发展路线，向现代创新型产业集群转型升级；另一方面，可嵌入全球价值链进行转型升级，从价值链的购买者驱动模式着手，改变无自主品牌和营销渠道等发展困境，规避全球价值链低端锁定风险（段文娟等，2007）。对于我国高端制造业集群而言，虽然我国高端制造业的技术创新水平和管理效率高于传统制造业和资源型产业，但相对国外高技术强国来看，仍缺乏核心技术，在全球价值链中不占优势。因此，高端制造业集群要想取得突破性发展，需从生产者驱动模式入手，向全球价值链中的研发设计等核心环节攀升。无论是资源型产业集群还是制造业产业集群，从内部路径来讲，主要是突破集群内低端环节的锁定，从外部路径来讲，主要是嵌入全球价值链，并在此基础上通过与跨国公司合作、联盟等方式嵌入全球价值链的高端环节，提高价值的获取能力，最后实现集群的整体转型升级，如图6-2所示。

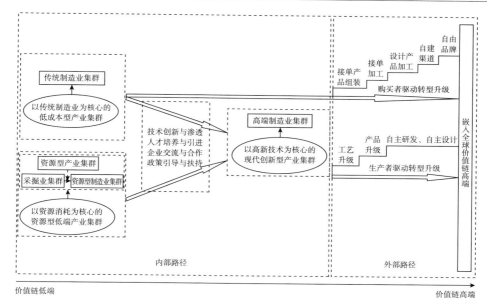

图6-2 资源型产业集群与制造业产业集群转型升级演化路径

资料来源：笔者整理。

第三节 资源型产业集群与制造业产业集群
转型升级的演化路径分析

分别对资源型产业集群、传统制造业集群、高端制造业集群转型升级的演化路径进行具体分析，得出针对性的转型升级演化路径。

1. 资源型产业集群转型升级以内部路径为主

资源型产业集群内部由采掘业集群向资源型制造业集群转型升级，资源型产业集群整体由以资源消耗为主的资源型低端产业集群，向以高新技术为核心的现代创新型产业集群转型升级。

资源型产业包括采掘业和资源型制造业，采掘业是依托自然界已有的矿产资源，直接开采出各种原料、燃料的部门，其产品是制造业必须的原材料。资源型产业集群主要以自然资源禀赋为基础，是依托资源的开采消耗和粗加工为手段形成发展起来的集群，以消耗不可再生资源为主，采掘业生产以单一资源为基础的产品，资源型制造业在采掘业的基础上生产加工初级产品和副产品。资源型产业集群基本采取线性经济运行模式，即"开发利用不可再生资源—生产单一结构的低端产品—造成高耗能、高排放、高污染的环境破坏"。随着资源储量逐渐稀缺、资源开发难度不断增大、资源开发成本不断提高、资源环境约束不断强化等，以及经济社会不断发展和对低碳环保经济模式的日趋重视，资源型产业集群收益呈规模递减趋势，已经无法满足经济可持续发展的需要，也日益凸显出对国家低碳经济发展战略的不适应性。因此，由以资源消耗为主的低端产业集群向以高新技术为核心的现代创新型产业集群转型升级势在必行，同时在资源型产业集群内部要推动采掘业集群向资源型制造业集群转型升级。

可通过三个方面推动资源型产业集群实现转型升级，降低对不可再生资源的依赖程度，减少资源过度消耗和由此带来的环境污染，促使资源型产业集群向健康、可持续和环保低碳的方向发展。

（1）技术创新是资源型产业集群转型升级的核心驱动力。随着自然资源储量的日益减少、开采成本的逐渐增大、民众对环保低碳生产的日益重视，政府、企业、社会对资源合理、高效利用的要求越来越高，使得产品低端、工艺粗犷的资源型产业集群越来越不适应当今社会的发展需要，必须向技术高端、生产工艺精细的绿色创新型产业集群成功转型升级。技术创新是实现这一路径的核心驱动力，因此，要加大技术创新投入，通过大量引进国内外先进技术和加强自主创新，尤其是先进制造技术和节能减排关键技术的研发与创新，提高自身的工业技术水平，淘汰落后的生产技术和设备，推动产业转移、节能降耗、清洁生产、污染治理和加速淘汰落后产能；结合市场需求，将原来粗犷、低端的初级产品进行深加工，生产出需求弹性大、科技含量高、附加值高、市场竞争力强的高端精细化产品；优化产业结构，使传统的资源型产业链得以延长和拓展，实现产品技术创新、高效低排，促使资源型产业集群向资源节约集约和生态环保的现代创新型产业集群努力，提升生产、制造效率和集群的竞争优势。

（2）创新人才是资源型产业集群转型升级的关键支撑力。资源型产业集群的成功转型升级必须以高端、创新型人才作为支撑，他们是产生先进工艺技术和创新成果的源头，也是将理论变为现实的关键。人力资源的开发和培养需要政府和企业的共同努力。政府在人才培养方面扮演着至关重要的角色，高校是培养高素质人才的摇篮，政府应加大教育投入力度，调整投资结构，保证教育经费的优先权。同时，针对资源型产业大多集中在国家经济发展落后、人才基础薄弱的中西部地区的特点，进一步加大对中西部地区教育的倾斜力度，加强高等院校、科研机构和职业技术教育投入，为资源型产业技术创新提供良好的知识和技术基础。企业在积极引进高端技术人才的同时，要加大培训和技术研发的力度，加强企业间的技术合作和创新型人才培养，推动核心技术研发，拓展员工的业务能力，以自主创新核心技术来推动产业发展。

（3）政府服务是资源型产业集群转型升级的重要保障力。政府是资源型产业集群发展各个阶段的推动主体，是资源型产业集群转型升级的重要保障，在其转型升级过程中发挥着不可替代的作用。政府要为资源型产业集群的发展和转型升级提供公共服务和良好的发展环境，支持和保障资源型产业集群成功转型。在硬环境建设方面，要加强基础设施建设，如道路交通等方面的建设投入；在软环境建设方面，要加大对资源型产业集群的政策扶持力度，改善中小企业的生存环境，拓宽集群企业招商引资和融资渠道，调整产业结构，加大对资源型产业集群转型升级过程中存在供求关系的关联产业的扶持力度，建立配套的人才交流中心，培育有发展潜力的产业集群，推动品牌建设。

2. 传统制造业集群转型升级兼可采取内部路径与外部路径

（1）内部路径具体为以传统制造业为核心的低成本型产业集群向以高新技术为核心的现代创新型产业集群转型升级。我国目前的传统制造业集群仍然为走低端产业发展路线的低成本型集群模式，总体呈现出产品低端、加工程度较浅、附加值较低的特点，缺乏自主创新、自主研发设计、自主优势品牌等高增值环节和高附加值产品，产业整体缺乏竞争力，产业链延伸不足，很容易形成在具有高产能、高市场占有率的情况下，收益率低下、边际效益递减的现象。与传统制造业集群相比，以高端制造业为主导的创新型产业集群以技术创新、核心技术为内在驱动力，走高端发展路线，以创新为基础，实现集群内企业的可持续、健康发展，形成了强大的核心竞争力。因此，传统制造业集群若要实现可持续发展，集群内企业就必须加大改革力度，实现传统制造业产业集群向以高新技术为核心的现代创新型产业集群转型升级。

首先，发挥技术创新与技术渗透的整合驱动作用。

技术创新是现代产业集群实现可持续发展的内在动力，也是其具有的本质特征，它是推动整个产业集群发展、不断提高市场竞争力的重要手段和关键因素。产业集群应朝着高科技、高质量、高效率的方向发展，它是技术创新的有效载体，并为技术创新的产生创造环境。产业集群技术创新是以低成本为竞争优势的传统制造业集群向具有创新技术、差异化优势的现代创新型产业集群蜕变的主要推动力量，传统制造业集群企业在发挥自身集群优势、专业市场营销优势、体制机制优势的同时，要加强管理创新和自主研发，为集群转型升级提供持续的动力和内源性技术保障，依靠自身的技术创新建立竞争优势。同时，还应注重引进先进的外源技术，通过大规模、有效地吸收和消化外源先进技术，弥补自身不足，提高工艺制造水平，促进转型升级有效进行。

高端制造业和传统制造业具有很强的产业关联效应和资源配置效应，由于高端制造业具有创新能力强、产业关联度大、带动能力强、科技含量高、工艺技术先进的特点，要注重其在传统制造业产业集群转型中的渗透、改造、提升作用。通过积极有效的合作，将高端制造业及其产品渗透到传统制造业，不仅可以提高传统制造业产品的技术含量、提高生产效率，而且可以夯实传统制造业的技术基础，推动产业结构和产品结构的不断升级。此外，处于转型升级过程中的传统制造业通过接受高端制造业的渗透和改造，可以缓解高端制造业高投入、高风险的发展制约瓶颈，从这个角度来看，传统制造业也为高端制造业的发展起到一定的支撑作用。因此，在传统制造业产业集群转型升级的过程中，可以在高端制造业为传统制造业进行改造渗透的同时，促进两者的协调发展，形成以高附加值产业为主体，高端制造业为先导，传统优势制造业为基础的产业集群发展格局，使整个产业集群平稳、健康、逐步、有效地实现成功转型。

其次，发挥企业交流与企业合作的协调促进作用。

产业集群的转型升级归根结底还是要实现产业集群内企业的转型升级，它是实现整个产业集群成功转型升级的基础。目前国内传统制造业集群内的企业缺乏合作、沟通和创新意识，不能从整体利益出发，只是着眼于眼前的个体利益得失，导致边际收益递减、效益低下等问题日益突出，不仅抑制了自身的发展，也阻碍了整个产业集群的转型升级。产业集群内企业间的交流与合作是传统制造业集群成功实现转型升级过程中不可或缺的。集群内的企业应该在竞争的同时积极主动地开展广泛的技术交流、信息共享和技术合作，取长补短，共赢发展，通过合作来促进技术的改革创新，提升产品的竞争力和技术含量，为企业的发展注入更加强劲的动力。在实现共同发展、共同促进的同时，也推动了整个传统制造业产业集群的转型升级，形成良性循环。

最后，发挥政策引导与政府扶持的引领带动作用。

政府要制定相关的制度保障，建立起统一、有序和规范的市场环境，加强诚信和质量监督，维护公平竞争，加强知识产权保护；通过相应的激励政策，激发企业的创新热情，创建倡导创新、注重契约精神的和谐发展环境；结合世界经济发展形势和国内现状，根据实际情况，合理规划发展战略，通过优惠政策引导投资，为促进产业集群转型升级积极创造条件；通过制定一系列优惠政策，加大专业人才、具有丰富经验的复合型人才和高级管理人才的引进力度，加大高等院校和职业技术学校的教育投入，重点培养高技术、高素质人才，为传统制造业集群转型升级培育优秀的人力资源，并为产业的可持续发展储备人力资本。

（2）外部路径具体为购买者驱动的传统制造业集群嵌入全球价值链转型升级：接单产品组装 OEA—接单加工 OEM—设计生产加工 ODM—自建渠道—自有品牌 OBM。当前的中国经济已经高度融入国际经济当中，制造业作为我国经济发展的重中之重，不可避免地要受到经济全球化的影响和冲击，我国传统制造业集群的转型升级不能只着眼于国内市场，要开拓思维、放眼于世界，只有这样才能让传统制造业焕发出新的活力和生命力。因此，在我国传统制造业集群转型升级的过程中，通过资源整合、技术创新、产业结构调整等手段，提升传统制造业集群的国际竞争力，并成功嵌入全球价值链高端尤为重要。

在全球价值链理论中，传统制造业集群属于购买者驱动的产业集群，产业集群由商业资本驱动。在全球价值链中，拥有畅通国际销售渠道和强大国际品牌的国际运营商才是价值链上的治理者和控制者。这类产业集群的核心能力为市场营销能力和品牌运营能力，稀缺资源为专利、销售渠道和品牌资源，战略环节为营销、服务、品牌，价值增值环节主要在流通领域。因此，我国传统制造业集群在外部路径上转型升级的关键在于积极努力开拓国际市场渠道，做大做强自主品牌，由单一的 OAM 组装商或 OEM 制造商向拥有自有渠道的销售商和自主品牌商转变。具体升级路径为：接单产品组装 OEA—接单加工 OEM—设计生产加工 ODM—自建渠道—自有品牌 OBM。

首先，实施低成本战略，积极嵌入国际采购商和品牌商主导的全球价值链分工体系。

目前，在国际上起主导作用的国际采购商和品牌运营商具有十分丰富和成熟的企业管理、市场开拓、品牌运营等方面的理论和经验，这正是中国传统制造业在转型升级中应该努力学习的地方。可以通过与掌握核心技术和丰富国际运营经验的大型国际采购商的交流和合作，学习先进的管理运营方法，并吸取丰富的国际经营经验。我国传统制造业集群企业若想在国际市场上分一杯羹，物美价廉才是进入全球价值链体系的敲门砖，进行转型升级的传统制造业企业必须要实施切实有效的低成本战略，以此获得竞争优势。降低成本可以从改革创新、优化企业内部组织结构、完善管理机制等方面入手，通过不断革新生产技术、淘汰落后产能、积极调整优化产业结构和自身的组织机构、完善管理模式，传统的制造业产业集群企业才能在生产优质产品的同时，降低各项成本，有了成本优势，传统制造业集群才有机会、有能力成为全球价值链中的一员。

其次，加强渠道建设，适时由单一制造商向经销商、服务商转换。

营销渠道是购买者驱动全球价值链中的重要一环，控制了分销渠道和终端市场就等于对整个价值链拥有了强大的主导力和控制力，从而获取整个价值链中较大部分的收益。因此，我国传统制造业集群内企业应大力进行营销渠道和营销网络建设，摆脱目前低端锁定的困境，逐步由制造商转变为产品服务商和供应商。在传统制造业企业进行身份转型，促进集群转型升级的过程中可以采取以下策略：①与国外大型经销商和服务商形成战略联盟，借助其已有的强大营销网络和终端市场为企业销售产品；②通过并购手段，对一些有着庞大销售网络的国际营销商或中间商进行并购，达到快速拓展海外营销渠道的目的；③借助中国庞大的海外华商资源，与华商积极开展多种形式的合作，充分利用他们丰富的市场渠道和市场资源拓展海外市场。

最后，积极打造自主品牌，由制造商向品牌商转换。

在购买者驱动的全球价值链中，品牌既是重要的战略环节之一，又是产品价值增值较大的环节。因此，我国的传统制造业集群内的企业应逐步摆脱目前小而散的局面，通过资源整合和重组，加强自主品牌建设。在传统制造业集群内，不具备单独品牌运营实力的企业可以联合区域内其他企业共同创建区域品牌，实现品牌共享，全面打造区域产业品牌。对高技术含量、有潜力的国内企业和国产品牌应配套相应的政策扶持，支持这些企业争创国际知名品牌。

3. 高端制造业集群转型升级以外部路径为主

生产者驱动的高端制造业集群嵌入全球价值链转型升级：工艺升级—产品升级—自主研发、自主设计。

我国高端制造业集群主要分布在东部地区，其产业集群驱动要素是产业资本，由生产者驱动。技术能力是高端制造业集群的核心能力，主要战略环节包括研发、设计，价值增值主要分布在生产领域。高端制造业集群企业转型升级的核心任务是由价值链单一的加工企业转向拥有研发、设计、制造等价值链多环节企业，转型升级的关键在于提高企业自身的创新能力，不断加大研发力度，积极努力获取业内核心技术和关键设备、零配件的设计和研发能力，使我国高端制造业的国际地位上升到全球价值链的更高附加值环节。高端制造业产业集群的转型升级路线为工艺升级—产品升级—自主研发、自主设计。

（1）主动嵌入跨国公司主导的全球价值链分工体系。我国高端制造业集群内企业可与大型跨国公司开展积极合作，形成供应链上的合作伙伴关系，嵌入跨国公司主导的全球价值链分工体系。我国高端制造业集群内企业嵌入全球价值链，可以有效利用其快速的信息流动、大量的知识溢出，充分发挥动态学习效应，快速增强自身的技术积累和扩张营销渠道的组织能力。全球价值链中的大型企业拥有先进、高水平的经营管理方法，在全球价值链中也蕴含着大量的资金，可以充分利用这些资金、技术和管理等资源，不断吸收消化国际先进生产技术和管理理念并加以创新，增强自身的国际竞争力，提高国际经营管理水平。

（2）适时进行工艺升级和产品升级。中国高端制造业集群企业嵌入全球价值链体系的一个关键因素就是自身的工艺水平和产品的质量，这些转型升级中的企业应适时进行工艺升级和产品升级，这既是融入全球价值链体系过程与领先企业展开合作的需要，又是提高企业产品质量、获得高效益、高附加值产品的需要，因此才能更好地满足国际市场的需求。与此同时，应加大企业人力资源培训力度，及时快速消化国外先进技术和管理方法，不断改进和创新生产工艺，增强自身技术水平，提高产品质量。

（3）加强研发投入，提高创新能力，不失时机地向价值链核心环节（研发和设计）攀升。我国高端制造业集群中的企业在实现工艺和产品升级后，应进一步向价值链核心和关键环节迈进，掌握了全球价值链核心和关键环节，对整个价值链就会形成强大的控制力，进而可以获得更高的收益。可以从五个方面入手：①积极培育高技术型企业，建立企业研发机构，加大研发投入，加强人力资源培训，增强自主创新能力；②整合集群内企业优质资源和技术特长，加强技术交流与合作，共同参与技术创新，加强对高端制造业集群转型升级的关键共性技术攻关，解决单个企业无法解决的技术、资金等方面的问题，集中力量实现技术突破；③积极展开与高等院校、国家科研机构等社会优质资源的合作，加快研发效率；④可通过持股、收购等方式与技术先进、营销渠道健全的国际公司展开技术合作，在国内外建立研发基地，形成适应自身发展需要的人才培育基地，在培养企业高端人才的同时也要大力引进国内外高端技术人才和先进的制造业前沿技术，吸收消化国内外先进技术成果；⑤持续加强自主创新力度的同时也要重视引进外源性技术援助，扶持和鼓励国内有条件的大企业快速、大规模进入世界制造技术前沿高端阵地，将内源性技术优势与外源性技术援助加以整合、优化和吸收，促进我国高端制造业集群嵌入全球价值链，实现可持续、跨越式的转型升级。

第四节　本章小结

本章的主要研究结论有三点。

第一，对资源型产业集群与制造业产业集群转型升级的最佳时机进行研判，识别出资源型产业集群、传统制造业集群、高端制造业集群转型升级的最佳规模阈值。运用门槛面板回归方法识别出三种类型产业集群转型升级的最佳规模阈值分别为1.189、0.683和1.383，当集群的集聚规模超过阈值时，集群的负外部性大于正外部性，集群的拥塞效应显现，应及时进行转型升级。

第二，识别出2019年资源型产业集群超过最佳规模阈值的省份有10个：天津、河北、山西、内蒙古、江西、河南、甘肃、青海、宁夏、新疆，多为资源富集的经济欠发达地区；传统制造业集群超过最佳规模阈值的省份有16个：河北、辽宁、吉林、黑龙江、江苏、安徽、福建、江西、山东、河南、湖北、湖南、广东、广西、四川、云南，多为东中部地区；高端制造业集群超过最佳规模阈值的省份只有2个：辽宁和江苏，为东部地区省份。

第三，基于从本地或集群本身寻求产业集群转型升级的内部路径和基于全球价值链视角进行产业集群转型升级的外部路径，分别提出资源型产业集群、传统制造业集群、高端制造业集群差异化的转型升级演化路径。资源型产业集群转型升级以内部路径为主，具体为资源型产业集群内部由采掘业集群向资源型制造业集群转型升级，资源型产业集群整体由以资源消耗为主的资源型低端产业集群向以高新技术为核心的现代创新型产业集群转型升级；传统制造业集群转型升级兼可采取内部路径与外部路径，内部路径具体为以传统制造业为核心的低成本型产业集群向以高新技术为核心的现代创新型产业集群转型升级，外部路径具体为购买者驱动的传统制造业集群嵌入全球价值链转型升级，即接单产品组装 OEA—接单加工 OEM—设计生产加工 ODM—自建渠道—自有品牌 OBM；高端制造业集群转型升级以外部路径为主，具体为生产者驱动的高端制造业集群嵌入全球价值链转型升级，即工艺升级—产品升级—自主研发、自主设计。

第七章　研究结论

第一节　主要研究成果

本书将中国资源型产业集群和制造业产业集群作为研究对象，纳入同一研究框架，并进一步将制造业产业集群细分为传统制造业集群与高端制造业集群，运用集群理论和数量分析方法，按照资源型产业集群与制造业产业集群的"产业集群的集群特征异同分析—产业集群对经济增长影响的异同分析—产业集群转型升级路径的异同分析"的分析框架，探讨资源型产业集群与制造业产业集群的集群特点、集聚态势、空间布局、驱动因素、集群对经济增长的影响，最终提出资源型产业集群与制造业产业集群差异化的转型升级演化路径。

本书的主要研究成果有四点。

第一，发现资源型产业集群与制造业产业集群集群特征的异同。

从资源型产业集群与制造业产业集群的集群特点来看：①资源型产业集群具有高度依赖自然资源、产业转移约束大、成长路径需要政府规划培育、产业链具有极强的延展性、生命周期特征明显等特点。②制造业产业集群受自然资源禀赋的依赖程度低，产业转移的成本低，产业集群形成受市场机制及其规律的影响较大，政府主要起引导和辅助作用。传统制造业集群以传统加工制造业为主导，多为劳动密集型产业，劳动力成本占比较高，产业集群具有可迁移性和可复制性，集群内企业多善于"模仿创新"，"自主创新"能力较弱。高端制造业集群多为知识技术密集型产业，科技含量高、附加值高，具有高投入、高收益、高风险、自主创新网络广泛、自主创新能力强的特点，产业关联性强。传统制造业集群与高端制造业集群作为制造业两种不同特征的集群类型，两者之间还存在许多共性与联系：传统制造业集群是高端制造业集群发展的基础，既为高端制造业集群的发展提供了完备的辅助性工业基础设施和系统，又为其提供了必需的资源、资本、人才、技术等外部环境条件；高端制造业集群是传统制造业集群的先导，传统制造业集群要不断吸收高端制造业集群的创新成果，自身才能实现可持续发展。

从资源型产业集群与制造业产业集群的集聚态势来看：不同类型产业的集聚程度存在差异，总体来看，高端制造业集聚度最高，属于中集聚度产业，且高端制造业的集聚度平均变化率居中。资源型产业集聚度次之，同属于中集聚度产业，产业内属于高集聚度的4个细分行业均为采掘业，且资源型产业集聚度平均变化率最低，说明总体上该产业的区域集聚最为稳定。传统制造业集聚度最低，但仍属于中集聚度产业，且传统制造业的区域集聚最不稳定。

从资源型产业集群与制造业产业集群的空间分布来看：资源型产业集聚特征明显的省份（22个）多于传统制造业（13个）和高端制造业（7个）。资源型产业主要集中在西部地区，并且西部、东部和中部地区的资源型产业集聚水平不断提高；传统制造业主要集中在西部和东部地区，并且西部、东部和中部地区的传统制造业均有扩散趋势；高端制造业主要集中在东部北京、上海、江苏、浙江、广东等地区，并且东部、西部和中部地区均存在高端制造业集聚趋势增强的现象。

第二，揭示资源型产业集群与制造业产业集群的集聚影响因素异同。

对于资源型产业来说，以主要矿产基础储量表征的自然资源禀赋及地方保护主义程度是促进其集聚的关键影响因素，产业技术投入强度是阻碍其集聚的重要因素；对于传统制造业来说，产业劳动力密集度、产业出口程度是促进其集聚的显著影响因素；对于高端制造业来说，产业技术投入强度和产业出口程度是促进其集聚的主要因素，地方保护主义程度是阻碍其集聚的主要因素。

第三，揭示资源型产业集群与制造业产业集群对经济增长影响的异同。

资源型产业集群与制造业产业集群对经济增长的影响均是动态的，无论是资源型产业集群还是制造业产业集群，集群初期的集聚效应均大于拥塞效应，随着集群规模的扩大，拥塞效应逐渐显现，并取代集聚效应阻碍了经济增长。该结论启示我们集群的发展要保持在适度合理的范围内，当集群发展到一定阶段时要及时对低端产业集群进行转型升级，规避或改善由于集聚过度导致的规模不经济效应。与资源型产业集群和传统制造业集群相比，高端制造业集群对经济增长的促进作用更大，且该促进作用由集群对技术进步与技术效率改进的双重积极影响共同拉动；资源型产业集群和传统制造业集群对行业经济增长的促进作用仅由技术效率单轮驱动。

第四，提出资源型产业集群与制造业产业集群差异化的转型升级演化路径。

资源型产业集群转型升级以内部路径为主，具体为资源型产业集群内部由采掘业集群向资源型制造业集群转型升级，资源型产业集群整体由以资源消耗为主的低端产业集群向以高新技术为核心的现代创新型产业集群转型升级；传统制造业集群转型升级兼可采取内部路径与外部路径，内部路径具体为以传统制造业为核心的低成本型产业集群向现代创新型产业集群转型升级，外部路径具体为购买者驱动的传统制造业集群嵌入全球价值链转型升级；高端制造业集群转型升级以外部路径为主，具体为生产者驱动的高端制造业集群嵌入全球价值链转型升级。

第二节　主要创新点

第一，与以往对单一类型产业集群的研究不同，本书将资源型产业集群和制造业产业集群两种类型的产业集群纳入同一研究视野，对两种类型的产业集群进行综合考量和比较分析，找出两者在集群特征、集群对经济增长的影响以及集群转型升级演化路径等方面的异同点。

第二，对资源型产业集群与制造业产业集群转型升级的最佳时机给予量化研判，设计出资源型产业集群与制造业产业集群差异化的转型升级路径。为资源富集经济欠发达地区转变经济增长方式的路径模式提供思路，同时也为两种产业集群可持续发展、缩小区域差距、促进区域协调发展提供可行性路径。

第三节　存在的不足

第一，在样本数据的选择上，对于区域样本，本书采用的是省级层面数据，由于资源型产业和制造业大多聚集于中国某些省份以及省份内的某个或某些地区，因此，采用省级样本数据对中国省域层面的资源型产业集群与制造业产业集群进行研究，忽视了具体细分城市或地区资源型产业与制造业发展的独有特征，从而可能会导致研究结果存在偏差。对于产业样本，本书对资源型产业与制造业采用的是《国民经济行业分类》（GB/T 4754—2011）二位码分类标准，未对进一步细分的三位码、四位码行业进行深入研究，导致研究结论可能会存在差异。

第二，本书对资源型产业集群与制造业产业集群的研究未深入考虑企业的异质性问题，异质企业的空间选择行为会在一定程度上影响产业集群的形成与发展，因此，在后续对产业集群的研究中应考虑企业的异质性问题。

第三，本书仅对资源型产业集群与制造业产业集群整体的转型升级最佳时机进行了研判，未考虑两种产业集群中的各细分行业集群转型升级的最佳时机，由于不同细分行业集群的发展特点、发展阶段不同，因此其转型升级的时机也不同。

第四节　有待进一步研究的问题

资源型产业集群与制造业产业集群转型升级研究是一个复杂的课题，对其研究具有重要的理论与实际意义。尽管本书力图运用产业集群理论揭示中国资源型产业集群与制造业产业集群的现状特征、驱动因素、集群对经济增长的影响及集群转型升级路径，但由于数据资料的不完整和研究内容的复杂性，以及笔者的研究水平有限，本书仍存在许多有待进一步探讨的问题。

第一，研究结论对特定区域的解释力有待进一步探讨。

本书对资源型产业集群与制造业产业集群转型升级的研究基于全国层面，但不同地区不同类型产业集群的集群特征、集群效应、发展路径均存在差异，因此，本书的研究结论落实到特定区域的特定行业是否具有普适性还有待进一步深入探讨。

第二，对资源型产业集群与制造业产业集群转型升级最佳时机的研判有待进一步考证。

本书对资源型产业集群与制造业产业集群转型升级最佳时机的研判仅仅是在

考虑集群本身这一单因素对行业经济增长影响的基础上得出的结论，而影响产业集群在什么时间进行转型升级的因素是复杂的，如集群的发展阶段、社会经济的发展水平、行业的技术创新能力、行业的市场竞争能力、政府对该行业的扶持力度等，而且转型升级的最佳规模阈值也并非仅仅局限于某一特定值，也可能是集群规模的某一个阶段、范围。此外，转型升级的最佳规模阈值是动态的，不同细分行业转型升级的规模阈值也存在差异。因此，本书给出的两种产业集群转型升级最佳时机的研究结论可认为是贡献了一种研判产业集群转型升级时机的思路，对资源型产业集群与制造业产业集群转型升级的最佳时机还应结合多方面因素、多种方法进行判断。

第三，对资源型产业集群与制造业产业集群转型升级演化路径的分析有待进一步深入。

虽然本书针对资源型产业集群与制造业产业集群提出了差异化的转型升级路径，但不同类型的产业集群在不同发展阶段、不同研究区域转型升级的具体路径是不同的，且基于不同研究视角每条路径背后的转型升级动力机制也是复杂的。因此，对资源型产业集群与制造业产业集群转型升级演化路径的分析还有待进一步深入研究。

第四，对资源型产业集群与制造业产业集群转型升级过程中的"黏性"问题有待进一步研究。

当集群超过一定规模导致拥塞效应出现时，集群的发展会出现几种情况：一是集群内某些无法生存的企业被挤出集群，转移到其他地区或是倒闭；二是集群内的企业及时进行转型升级，寻找新的发展方式；三是大部分经济效益差、环境污染严重的企业可能会按照"惯性"或过去成功的经验模式发展，既没有被挤出集群，又没有主动采取措施进行变革，仍停留在原地，形成"黏性"。"黏性"的产生是由于产业集群提供了良好的产业发展基础，基础设施、服务设施等协作配套条件健全，产业发展相关优惠政策及支持制度完善，市场接近效应、生活成本效应及劳动力"蓄水池"效应明显（李占国和孙久文，2011）。此外，集群内企业由于地理上的邻近性，彼此信息共享、沟通与交流加强，相互之间已结成联系密切的复杂关系网络，由于"集聚效应"使得产业集群关系网络的各个节点成本下降，能够带来效益和利益，在一定程度上增加了产业转移的沉没成本和机会成本，抑制了产业的转移（孙华平，2011），产业的"黏性"与产业集群的拥塞效应同时存在，造成了不可破解的状态。这种情况在一定程度上影响了产业集群的转型升级，因此，对集群转型升级过程中存在的"黏性"问题还需进一步研究（孙浦阳等，2013）。

参考文献

［1］ Alecke B, Alsleben C, Scharr F, et al. Are There Really High-Tech Clusters? The Geographic Concentration of German Manufacturing Industries and Its Determinants ［J］. Annals of Regional Science, 2006（1）: 19-42.

［2］ Amiti M. Specialisation Patterns in Europe ［C］. London: London School of Economics, 1997.

［3］ Antje, Julia. Determinations of Geographical Concentration Patterns in Central and Eastern European Countries ［DB/CD］. http: //www. at/pdf/sic_ hidebrandt_ wo-erz_ paper. pdf, 2003.

［4］ Arellano M, Bond S. Some Tests of Specification for Panel Date: Monte Carlo Evidence and an Application to Employment Equations ［J］. Review of Economic Studies, 1991（2）: 277-297.

［5］ Arup M. Cluster Economies as Manifested in Technicak Efficiency at the Firm Level ［J］. Journal of Urban Economics, 1999（45）: 490-500.

［6］ Baldwin R E, Martin P. Agglomeration and Regional Growth ［J］. Handbook of Regional and Urban Economics, 2004（4）: 2671-2711.

［7］ Beaudry C, Swann P. Growth in Industrial Cluster: A Bird's Eye View of the United Kingdom [R]. 2001.

[8] Beeson P. Total Factor Productivity Growth and Cluster Economies in Manufacturing [J]. Journal of Regional Science, 1987 (27): 183-199.

[9] Blundell R, Bond S. Initial Conditions and Moment Restrictions in Dynamic Panel Data Models [J]. Journal of Econometrics, 1998 (1): 115-143.

[10] Boudeville J B. Problems of Regional Economic Planning [M]. Edinburgh: Edinburgh University Press, 1966.

[11] Brülhart M, Mathys N A. Sectoral Agglomeration Economies in a Panel of European Regions [J]. Regional Scieace and Urban Economics, 2008 (4): 348-362.

[12] Carlino G. Increasing Returns to Scale in Metropolitan Manufacturing [J]. Journal of Regional Science, 1979 (19): 363-73.

[13] Caves D W, Christensen L R, Diewert W E. Multilateral Comparisons of Output, Input, and Productivity Using Superlative Index Numbers [J]. The Economic Journal, 1982 (365): 73-86.

[14] Caves D W, Christensen L R, Diewert W E. The Economic Theory of Index Numbers and the Measurement of Input, Output, and Productivity [J]. Journal of the Econometric Society, 1982 (2): 1393-1414.

[15] Ciccone A, Hall R E. Productivity and Density of Economic Activity [J]. The American Ecomomic Review, 1996 (1): 54-70.

[16] Ciccone A. Agglomeration Effects in Europe [J]. European Economic Review, 2002 (2): 213-227.

[17] Coelli T J. A Guide to DEAP Version2.1: A Data Envelopment Analysis Program [R]. 1996.

[18] Dekle R, Eaton J. Cluster and Land Rents: Evidence from the Prefectures

[J] . Journal of Urban Economics, 1999 (2): 200-214.

[19] Denison E F. Some Major Issues in Productivity Analysis: An Examination of Estimates by Jorgenson and Griliches [J] . Survey of Current Business, 1972, 49 (5): 1-27.

[20] Devereux M, Griffith R, Simpson H. The Geographic Distribution of Production Activityin the UK [J] . Regional Science and Urban Economics, 2004 (5): 533-564.

[21] Dixit A K, Stiglitz J E. Monopolistic Competition and Optimum Product Diversity [J] . American Economic Review, 1977 (67): 297-308.

[22] Ellison G, Glaeser E L. Geographic Concentration in U. S. Manufacturing Industries: A Dartboard Approach [J] . Journal of Political Economy, 1997 (5): 889-927 .

[23] Färe R, Grosskopf S, Norris M, et al. Productivity Growth, Technical Progress, and Efficiency Change in Industrialized Countries [J] . The American Economic Review, 1994 (1): 66-83.

[24] Futagami K, Ohkusa Y. The Quality Ladder and Product Variety: Larger Economies May Not Grow Faster [J] . Japanese Economic Review, 2003 (3): 336-351.

[25] Gereffi G, Humphrey J, Sturgeon T. The Governance of Global Value Chains [J] . Forthcoming in Review of International Political Economy, 2003 (4): 5-11.

[26] Gereffi G, Humphrey J, Sturgeon T. The Governance of Global Value Chains [J] . Review of International Political Economy, 2005 (1): 78-104.

[27] Gereffi G. Industrial Upgrading in the Apparel Commodity Chain: What can Mexico Learn from East Asia? [R] . 1999.

［28］Gopinath M, Pick D, Li Y. An Empirical Analysis of Productivity Growth and Industrial Concentration in US Manufacturing ［J］. Applied Economics, 2004 (36): 1-17.

［29］Hansen B E. Threshold Effects in Non-Dynamic Panels: Estimation, Testing and Inference ［J］. Journal of Econometrics, 1999 (2): 345-368.

［30］Henderson J V. Efficiency of Resource Usage and City Size ［J］. Journal of Urban Economics, 1986 (1): 47-70.

［31］Humphrey J, Schmitz H. Governance and Upgrading: Linking Industrial Cluster and Global Value Chain ［R］. 2000.

［32］Humphrey J, Schmitz H. How does Insertion in Global Value Chains Affect Upgrading in Industrial Clusters ［J］. Regional Studies, 2002 (36): 1017-1027.

［33］Jefferson G H, Albert G Z, Guan X J, et al. Ownership, Performance, and Financial Performance in China's Large and Medium-Size Industrial Enterprise Sector ［J］. China Economic Review, 2003 (14): 89-113.

［34］Kaplinsky R, Morris M. A Handbook for Value Chain Research ［R］. 2001.

［35］Kim S. Regions, Resources, and Economic Geography, Sources of U. S. Regional ComparativeAdvantage, 1880—1987 ［J］. Regional Science and Urban Economics, 1999 (1): 1-32.

［36］Krugman P. Increasing Returns and Economic Geography ［J］. Journal of Political Economy, 1991 (99): 483-499.

［37］Lin H L, Li H Y, Yang C H. Cluster and Productivity: Firm-Level Evidence from China's Textile Industry ［J］. China Economic Review, 2011 (3): 313-329.

［38］Malmquist S. Index Numbers and Indifference Surfaces ［J］. Trabajos De

Estadística, 1953 (2): 209-242.

［39］ Marshall A. Principles of Economics ［M］. New York: Macmillan, 1920.

［40］ Maurel F, Sedillot B. A Measure of the Geographic Concentration in French Manufacturing Industries ［J］. Regional Science and Urban Economics, 1999 (5): 575- 604.

［41］ Poon T S C. Beyond the Global Production Networks: A Case of Further Upgrading of Taiwan's Information Technology Industry ［J］. Technology and Globalization, 2004 (1): 130-145.

［42］ Roodman D. How to do Xtabond2: An Introduction to "Difference" and "System" GMM in Stata ［EB/OL］. (2007 - 05 - 02) http: //papers. ssrn. com/ so13/papers. ofm? abstract_ id=982943.

［43］ Rosenthal S. The Determingants of Cluster ［J］. Journal of Urban, 2001 (2).

［44］ Sbergami F. Agglomeration and Economic Growth: Some Puzzles ［R］. 2002.

［45］ Ticky G. Clusters: Less Dispensable and More Risky Than ever Clusters and Regional Specialization ［M］. London: Pion Limited, 1998.

［46］ Williamson J G. Regional Inequality and the Process of National Development ［J］. Economic Development and Cultural Change, 1965 (4): 3-45.

［47］ Windmeijer F. A Finite Sample Correction for the Variance of Linear Efficient Two-Step GMM Estimators ［J］. Journal of Econometrics, 2005 (1): 25-51.

［48］ Zheng J H, Hu A G. An Empirical Analysis of Provincial Productivity in China (1979—2001) ［J］. Journal of Chinese Economic and Business Studies, 2004 (3), 221-239.

［49］ 白重恩，杜颖娟，陶志刚，等. 地方保护主义及产业地区集中度的决

定因素和变动趋势［J］．经济研究，2004（4）：29-40.

［50］薄文广．产业特征、空间差异与制造业地理集中：基于中国数据的实证分析［J］．南方经济，2010（6）：51-64.

［51］蔡绍洪．循环产业集群：西部地区生态化发展的新型产业组织模式［M］．北京：人民出版社，2010.

［52］曹群. FDI 与地方产业集群发展的效应分析［J］．商业研究，2006（6）：144-146.

［53］陈柳钦．基于新经济地理学的产业集群理论综述［J］．湖南科技大学学报（社会科学版），2007（3）：42-48.

［54］崔宇明，代斌，王萍萍．产业集聚的技术溢出效应研究：基于人力资本的门限非线性估计［J］．华中科技大学学报（社会科学版），2013（4）：101-107.

［55］代斌．产业集聚的技术溢出效应研究［D］．济南：山东大学，2014.

［56］段文娟，聂鸣，张雄．全球价值链下产业集群升级的风险研究［J］．科技进步与对策，2007（11）：154-158.

［57］高洪深．区域经济学［M］．北京：中国人民大学出版社，2002.

［58］高丽娜．产业空间集聚对中国制造业全要素生产率的影响研究［D］．武汉：华中科技大学，2012.

［59］巩前胜，董春诗．中国油气资源产业发展：空间集聚水平及区域分布特性［J］．科技管理研究，2014（5）：136-139+143.

［60］谷永芬，洪娟．城市群服务业集聚与经济增长：以长三角为例［J］．江西社会科学，2013（4）：43-47.

［61］韩峰，冯萍，阳立高．中国城市的空间集聚效应与工业能源效率［J］．中国人口·资源与环境，2014（5）：72-79.

［62］何青松．产业集群租金与产业集群演进研究［D］．济南：山东大

学，2007.

［63］贺灿飞，潘峰华．中国制造业地理集聚的成因与趋势［J］．南方经济，2011（6）：38-52.

［64］贺灿飞，谢秀珍．中国制造业地理集中与省区专业化［J］．地理学报，2006（2）：212-222.

［65］胡援成，肖德勇．经济发展门槛与自然资源诅咒：基于我国省际层面的面板数据实证研究［J］．管理世界，2007（4）：15-23.

［66］惠宁．产业集群的区域经济效应研究［M］．北京：中国经济出版社，2008.

［67］吉敏，胡汉辉，陈金丹．内生型产业集群升级的网络演化形态研究：基于启东天汾电动工具产业集群的分析［J］．科学学研究，2011（6）：862-867.

［68］金煜，陈钊，陆铭．中国的地区工业集聚：经济地理、新经济地理与经济政策［J］．经济研究，2006（4）：79-89.

［69］郎付山．农产品加工产业集群生命周期不同阶段衰退风险研究［D］．咸阳：西北农林科技大学，2011.

［70］李丹．基于产业集群的知识协同行为及管理机制研究［M］．北京：法律出版社，2009.

［71］李谷成．人力资本与中国区域农业全要素生产率增长：基于 DEA 视角的实证分析［J］．财经研究，2009（8）：115-128.

［72］李华敏，丁珂，兰娟丽．利益集团视角下产业集聚对全要素生产率的影响：以中国制造业为例［J］．西安财经学院学报，2013（4）：21-26.

［73］李廉水，周勇．技术进步能提高能源效率吗？——基于中国工业部门的实证检验［J］．管理世界，2006（10）：82-89.

［74］李新春．企业联盟与网络［M］．广州：广东人民出版社，2000.

［75］李占国，孙久文．我国产业区域转移滞缓的空间经济学解释及其加速途径研究［J］．经济问题，2011（1）：27-30+64.

［76］梁琦．产业集聚论［M］．北京：商务印书馆，2004.

［77］刘秉镰，武鹏，刘玉海．交通基础设施与中国全要素生产率增长：基于省域数据的空间面板计量分析［J］．中国工业经济，2010（3）：54-64.

［78］刘芳，方丽．山东省旅游产业集群与区域经济增长关系探究［J］．济宁学院学报，2021（2）：13-19.

［79］刘珂，和金生．论产业集群中的区域创新网络建设［J］．西北农林科技大学学报，2006（1）：67-71.

［80］刘向舒．高新技术产业集群升级研究［D］．西安：西北大学，2011.

［81］刘小玄，李双杰．制造业企业相对效率的度量和比较及其外生决定因素（2000—2004）［J］．经济学（季刊），2008（3）：843-868.

［82］刘小玄．民营化改制对中国产业效率的效果分析：2001年全国普查工业数据的分析［J］．经济研究，2004（8）：16-26.

［83］刘修岩，邵军，薛玉立．集聚与地区经济增长：基于中国地级城市数据的再检验［J］．南开经济研究，2012（3）：52-64.

［84］刘玉珂．资源型产业集群的影响因素与发展研究［D］．北京：中国地质大学，2009.

［85］刘媛媛．资源型产业集聚低碳发展困境研究［D］．乌鲁木齐：新疆大学，2015.

［86］鲁丹，张肖虎．产业集聚的效应分析［J］．云南财经大学学报（社会科学版），2009（3）：49-50.

［87］陆梅，王鑫．环杭州湾城市群文化创意产业集群特征及时空演化研究［J］．城市学刊，2021（5）：41-49.

［88］路江涌，陶志刚．中国制造业区域聚集及国际比较［J］．经济研究，

2006（3）：103-114.

[89] 路江涌，陶志刚. 我国制造业区域集聚程度决定因素的研究 [J]. 经济学（季刊），2007（3）：801-816.

[90] 罗勇，曹丽莉. 中国制造业集聚程度变动趋势实证研究 [J]. 经济研究，2005（8）：106-115+127.

[91] 马建会. 区域产业集群发展研究 [M]. 北京：中国财政经济出版社，2009.

[92] 马歇尔. 经济学原理 [M]. 北京：商务印书馆，1997.

[93] 迈克尔·波特，加里·哈默. 未来的战略 [M]. 成都：四川人民出版社，2000.

[94] 迈克尔·波特. 国家竞争优势 [M]. 李明轩，邱如美，译. 北京：华夏出版社，2002.

[95] 梅丽霞，柏遵华，聂鸣. 试论地方产业集群的升级 [J]. 科研管理，2005（5）：147-150.

[96] 潘瑞成，刘睿君. 体育产业集群影响因素的实证检验 [J]. 统计与决策，2018（17）：112-115.

[97] 齐亚伟，陶长琪. 产业地理集中对地区协调发展的聚集效应与分散效应：基于局部溢出模型和实证研究 [J]. 上海经济研究，2013（8）：14-23+131.

[98] 钱凯. 我国产业集群升级政策建议综述 [J]. 经济研究参考，2009（6）：39-45.

[99] 任家华. 基于全球价值链理论的地方产业集群升级机理研究 [D]. 成都：西南交通大学，2007.

[100] 邵帅，范美婷，杨莉莉. 资源产业依赖如何影响经济发展效率？：有条件资源诅咒假说的检验及解释 [J]. 管理世界，2013（2）：32-63.

[101] 邵昱晔. 对外贸易对中国制造业集聚的影响研究 [D]. 长春：吉林

大学，2012.

[102] 沈能，刘凤朝. FDI 对中国制造业技术溢出的渠道研究 [J]. 科学学研究，2007（2）：261-268.

[103] 苏东水. 产业经济学 [M]. 北京：高等教育出版社，2000.

[104] 苏苗苗. 出口贸易、FDI 影响中国高技术产业创新效率的实证研究 [D]. 长沙：湖南大学，2012.

[105] 孙华平. 产业转移背景下产业集群升级问题研究 [D]. 杭州：浙江大学，2011.

[106] 孙慧，朱俏俏. 中国资源型产业集聚对全要素生产率的影响研究 [J]. 中国人口·资源与环境，2016（1）：121-130.

[107] 孙慧. 特色产业集聚对区域经济发展的影响：以资源型省份新疆为例 [J]. 生产力研究，2008（19）：125-126+136.

[108] 孙久文，郭琪. 新形势下的制造业空间结构调整与产业转移 [J]. 山东财政学院学报，2011（6）：5-12.

[109] 孙浦阳，韩帅，靳舒晶. 产业集聚对外商直接投资的影响分析：基于服务业与制造业的比较研究 [J]. 数量经济技术经济研究，2012（9）：40-57.

[110] 孙浦阳，韩帅，许启钦. 产业集聚对劳动生产率的动态影响 [J]. 世界经济，2013（3）：33-53.

[111] 孙浦阳，武力超，张伯伟. 空间集聚是否总能促进经济增长：不同假定条件下的思考 [J]. 世界经济，2011（10）：3-20.

[112] 藤田昌久，保罗·克鲁格曼，安东尼·J. 维纳布尔斯. 空间经济学：城市、区域与国际贸易 [M]. 梁琦，译. 北京：中国人民大学出版社，2005.

[113] 田素妍，周力，章棋. 产业集聚与中国水产品出口竞争力研究：基于VAR 模型的广义脉冲分析 [J]. 江苏农业科学，2012（8）：374-377.

[114] 涂艳梅，魏景赋. 制造业出口贸易对产业集聚的影响研究：基于新经

济地理学视角［J］．改革与开放，2015（21）：22-24.

［115］汪彩君．过度集聚、要素拥挤与产业转移研究［D］．杭州：浙江工业大学，2012.

［116］王锋正，张永军，陈文成．内蒙古资源型产业集群发展的动力研究［J］．北方经济，2007（3）：32-34.

［117］王缉慈．超越集群：中国产业集群的理论探索［M］．北京：经济科学出版社，2010.

［118］王缉慈．创新的空间：企业集群与区域发展［M］．北京：北京大学出版社，2001.

［119］王晶晶，黄繁华，于诚．服务业集聚的动态溢出效应研究：来自中国261个地级及以上城市的经验证据［J］．经济理论与经济管理，2014（3）：48-58.

［120］王立恒．中国产业集聚与经济增长的实证研究：基于空间经济学视角［J］．科协论坛（下半月），2010（5）：115-116.

［121］王丽丽，范爱军．空间集聚与全要素生产率增长：基于门限模型的非线性关联研究［J］．财贸经济，2009（12）：105-111.

［122］王燕，王志强，崔永涛．中国高技术产业空间集聚的影响因素研究：基于新经济地理学视角［J］．现代管理科学，2015（12）：15-17.

［123］王燕，徐妍．中国制造业空间集聚对全要素生产率的影响机理研究：基于双门槛回归模型的实证分析［J］．财经研究，2012（3）：135-144.

［124］魏国学，陶然，陆曦．资源诅咒与中国元素：源自135个发展中国家的证据［J］．世界经济，2010（12）：48-66.

［125］魏守华，石碧化．论企业集群的竞争优势［J］．中国工业经济，2002（1）：59-65.

［126］魏下海．贸易开放、人力资本与中国全要素生产率：基于分位数回归

方法的经验研究［J］．数量经济技术经济研究，2009（7）：61-72．

［127］文嫭，曾刚．全球价值链治理与地方产业网络升级［J］．中国工业经济，2005（7）：20-27．

［128］吴建峰，符育明．经济集聚中马歇尔外部性的识别：基于中国制造业数据的研究［J］．经济学（季刊），2012（2）：675-690．

［129］吴三忙，李善同．中国制造业地理集聚的时空演变特征分析：1980—2008［J］．财经研究，2010（10）：4-14．

［130］吴向鹏．产业集群：一个文献综述［J］．当代财经，2003（9）：105-108．

［131］吴艳红，薄文广，殷广卫．FDI、产业特征与制造业地理集中：基于中国数据的实证分析［J］．南开经济研究，2011（1）：72-88．

［132］武云亮，唐敏．我国中小商业企业集群创新研究［J］．经济管理，2007（20）：77-82．

［133］夏良科．人力资本与R&D如何影响全要素生产率：基于中国大中型工业企业的经验分析［J］．数量经济技术经济研究，2010（4）：78-94．

［134］谢波．资源产业集聚、技术创新能力与区域经济增长：基于省际面板的实证分析［J］．科技进步与对策，2013（7）：31-36．

［135］谢里，谌莹，刘文娟．中国矿产资源产业集聚水平测算［J］．地理科学，2012（8）：965-970．

［136］谢先达，周春蕾．浙江传统产业集群升级问题研究［J］．商场现代化，2006（32）：269-271．

［137］徐康宁，陈奇．外商直接投资在产业集群形成中的作用［J］．现代经济探讨，2003（12）：3-7．

［138］徐康宁，王剑．自然资源丰裕程度与经济发展水平关系的研究［J］．经济研究，2006（1）：78-89．

［139］徐文华．产业集群和城市群互动发展研究综述［J］．中国商贸，2009（5）：153-154.

［140］徐盈之，彭欢欢，刘修岩．威廉姆森假说：空间集聚与区域经济增长：基于中国省域数据门槛回归的实证研究［J］．经济理论与经济管理，2011（4）：95-102.

［141］薛玉森．区域经济与地区发展［M］．北京：经济科学出版社，2002.

［142］严北战．基于多层空间整合的产业集群升级路径研究［J］．科研管理，2012（9）：146-153.

［143］杨洪焦，孙林岩，吴安波．中国制造业集聚的变动趋势及其影响因素研究［J］．中国工业经济，2008（4）：64-72.

［144］叶迪．中国产业集聚效应与区域经济增长关系的实证研究：以工业为例［J］．经济视角（下），2013（11）：135-137.

［145］叶海玲，傅文锦，李春友．产业集聚视角下污染密集型产业集群转型升级研究：以绍兴蓝印时尚小镇为例［J］．河北企业，2020（6）：65-67.

［146］易秋平，刘友金．产业集群治理研究文献综述与展望［J］．湖南科技大学学报（社会科学版），2011（5）：69-72.

［147］于潇，毛雅萍．太仓市璜泾镇化纤纺织产业集群转型升级路径抉择：基于全球价值链视角的分析［J］．东华大学学报（社会科学版），2014（1）：18-23.

［148］袁园．我国制造业集聚的时空演进特征与影响因素研究［D］．武汉：华中师范大学，2013.

［149］曾忠禄．产业集群与国际竞争优势［J］．当代财经，1996（7）：35-40.

［150］张浩然．中国城市经济的空间集聚和外溢：理论分析与经验证据［D］．长春：吉林大学，2012.

［151］张卉．产业分布、产业集聚和地区经济增长：来自中国制造业的证据［D］．上海：复旦大学，2007.

［152］张连业，杜跃平．论我国资源型产业集群的升级与转型［J］．陕西师范大学学报（哲学社会科学版），2007（6）：88-94.

［153］张亮亮．矿产资源型产业集群效应的经济学分析［D］．呼和浩特：内蒙古大学，2007.

［154］张明龙，官仲章．产业集群突破生命周期拐点的关键［J］．开发研究，2008（6）：105-108.

［155］张明龙．产业聚集的溢出效应分析［J］．经济学家，2004（3）：77-80.

［156］张乾．区域资源型产业集群形成与优化发展研究［D］．兰州：兰州大学，2009.

［157］张同升，梁进社，宋金平．中国制造业省区间分布的集中与分散研究［J］．经济地理，2005（3）：315-319.

［158］张艳，刘亮．经济集聚与经济增长：基于中国城市数据的实证分析［J］．世界经济文汇，2007（1）：48-56.

［159］张玉明，李凯，聂艳华．技术溢出、企业集聚与区域经济增长［J］．东北大学学报（社会科学版），2008（1）：26-31.

［160］赵丹．基于产业生命周期的高新技术产业集群可持续发展研究［D］．西安：西安电子科技大学，2014.

［161］赵海东．资源型产业集群的概念及形成机理［J］．广播电视大学学报（哲学社会科学版），2006（4）：90-94.

［162］赵虹，武春友，田一辉．资源型产业集群的转型路径［J］．大连海事大学学报（社会科学版），2008（5）：83-86.

［163］中国工商银行江苏省分行课题组．产业集群、区域经济与金融深化

［J］．金融论坛，2006（12）：28-29．

［164］周兵，蒲勇键．产业集群的增长经济学解释［J］．中国软科学，2003（5）：119-121．

［165］周圣强，朱卫平．产业集聚一定能带来经济效率吗：规模效应与拥挤效应［J］．产业经济研究，2013（3）：12-22．

［166］朱俏俏，孙慧．资源型产业集聚的动态溢出效应研究［J］．工业技术经济，2016（3）：36-46．

［167］朱英明，杨连盛，吕慧君，等．资源短缺、环境损害及其产业集聚效果研究：基于21世纪我国省级工业集聚的实证分析［J］．管理世界，2012（11）：28-44．

［168］宗晓丽．高新技术产业集群的集聚度与效应研究［D］．青岛：中国海洋大学，2012．

［169］踪家峰，胡艳，周亮．转移支付能提升产业集聚水平吗？［J］．数量经济技术经济研究，2012（7）：18-32．

［170］左和平．全球价值链下特色产业集群升级机理探析［J］．财经问题研究，2010（4）：43-47．

附　录

附表 1　国民经济行业分类和代码表

三次产业分类	《国民经济行业分类》（GB/T 4754—2011）		
	门类	大类	行业名称
第二产业	B		采矿业
		06	煤炭开采和洗选业
		07	石油和天然气开采业
		08	黑色金属矿采选业
		09	有色金属矿采选业
		10	非金属矿采选业
		11	开采辅助活动
		12	其他采矿业
	C		制造业
		13	农副食品加工业
		14	食品制造业
		15	酒、饮料和精制茶制造业
		16	烟草制品业
		17	纺织业
		18	纺织服装、服饰业
		19	皮革、毛皮、羽毛及其制品和制鞋业
		20	木材加工和木、竹、藤、棕、草制品业

三次产业分类	《国民经济行业分类》（GB/T 4754—2011）		
	门类	大类	行业名称
第二产业	C	21	家具制造业
		22	造纸和纸制品业
		23	印刷和记录媒介复制业
		24	文教、工美、体育和娱乐用品制造业
		25	石油加工、炼焦和核燃料加工业
		26	化学原料和化学制品制造业
		27	医药制造业
		28	化学纤维制造业
		29	橡胶和塑料制品业
		30	非金属矿物制品业
		31	黑色金属冶炼和压延加工业
		32	有色金属冶炼和压延加工业
		33	金属制品业
		34	通用设备制造业
		35	专用设备制造业
		36	汽车制造业
		37	铁路、船舶、航空航天和其他运输设备制造业
		38	电气机械和器材制造业
		39	计算机、通信和其他电子设备制造业
		40	仪器仪表制造业
		41	其他制造业
		42	废弃资源综合利用业
	D		**电力、热力、燃气及水生产和供应业**
		44	电力、热力生产和供应业
		45	燃气生产和供应业
		46	水的生产和供应业